A HISTÓRIA DE
Sojourner
TRUTH,
a escrava do Norte

por OLIVE GILBERT

A HISTÓRIA DE Sojourner TRUTH, a escrava do Norte

Escrita por Olive Gilbert,
baseada nas informações dadas por Sojourner Truth.

Tradução: Carla Matos

Principis

Esta é uma publicação Principis, selo exclusivo da Ciranda Cultural
© 2020 Ciranda Cultural Editora e Distribuidora Ltda.

Traduzido do original em inglês
The narrative of Sojourner Truth

Revisão
Karine Ribeiro

Texto
Olive Gilbert (narrado por Sojourner Truth)

Produção editorial e projeto gráfico
Ciranda Cultural

Tradução
Carla Matos

Diagramação
Fernando Laino | Linea Editora

Preparação
Valquíria Della Pozza

Imagem
Sunny Whale/shutterstock.com

Dados Internacionais de Catalogação na Publicação (CIP) de acordo com ISBD

T874h	Truth, Sojourner
	A história de Sojourner Truth, a escrava do Norte / Sojourner Truth . traduzido por Carla Matos. - Jandira, SP : Principis, 2020. 128 p. ; 15,5cm x 22,6cm. - (Clássicos da literatura mundial)
	Tradução de: The narrative of Sojourner Truth ISBN: 978-65-5552-214-3
	1. Literatura americana. I. Matos, Carla. II. Título. III. Série.
2020-2693	CDD 810 CDU 821.111(73)

Elaborado por Vagner Rodolfo da Silva - CRB-8/9410

Índice para catálogo sistemático:
1. Literatura americana 810
2. Literatura americana 821.111(73)

1ª edição em 2020
www.cirandacultural.com.br
Todos os direitos reservados.
Nenhuma parte desta publicação pode ser reproduzida, arquivada em sistema de busca ou transmitida por qualquer meio, seja ele eletrônico, fotocópia, gravação ou outros, sem prévia autorização do detentor dos direitos, e não pode circular encadernada ou encapada de maneira distinta daquela em que foi publicada, ou sem que as mesmas condições sejam impostas aos compradores subsequentes.

SUMÁRIO

Seu nascimento e ascendência...7

Acomodações...9

Seus irmãos e irmãs..11

Sua educação religiosa..13

O leilão...15

A morte de Mau-Mau Bett...17

Os últimos dias de Bomefree...19

A morte de Bomefree...22

Início do aprendizado de Isabella sobre a vida............................24

O aprendizado continua...26

A permanência com seu novo dono e dona.................................28

O casamento de Isabella..34

A mãe Isabella..36

As promessas do senhor de escravos...38

Sua fuga..41

A venda ilegal de seu filho...44

A noite fica mais escura logo antes do amanhecer......................47

A morte da senhora Eliza Fowler...56

A experiência religiosa de Isabella...60

Novos aprendizados...73

Descobrindo um irmão e uma irmã..79

Rabiscos 82

A ilusão de Matthias..88

Jejum 96

O motivo de sua saída da cidade..98

As consequências da recusa em hospedar uma viajante.................. 103

Algumas de suas visões e ideias.. 107

As segundas doutrinas do advento 110

Outro acampamento 115

Última entrevista com seu dono.. 124

Atestados de caráter 126

Seu nascimento e ascendência

A personagem desta biografia, SOJOURNER TRUTH, como agora se faz chamar, cujo nome, originalmente era Isabella, nasceu, de acordo com ela, entre os anos 1797 e 1800. Ela é filha de James e Betsey, escravos de um tal coronel Ardinburgh, em Hurley, no Condado de Ulster, em Nova Iorque.

O Coronel Ardinburgh pertenceu à classe conhecida como Holanda Baixa.

Sobre o seu primeiro dono ela não sabe nada, já que devia ser muito pequena quando ele morreu; e ela, junto com seus pais e uns dez ou doze outros escravos, se tornou propriedade legal do filho dele, Charles Ardinburgh. Sojourner lembra-se bem de ouvir os seus pais dizerem que eles haviam tido sorte, porque o senhor Charles era o melhor da família, sendo, em termos comparativos, um senhor gentil com seus escravos.

James e Betsey, por serem leais, dóceis e respeitosos, receberam um tratamento especial: ganharam, entre outros favores, um lote de terra localizado atrás de uma encosta, onde, no final da tarde e aos domingos,

por OLIVE GILBERT

cuidavam da pequena plantação de tabaco, milho e linho, que costumavam trocar por comida ou roupa para eles e para as crianças. Soujorner
não se lembra de os pais terem a tarde de sábado livre, como era hábito
nos Estados do Sul.

Acomodações

Entre as primeiras lembranças de Isabella está a mudança de seu dono, Charles Ardinburgh, para a nova casa, que ele havia construído para ser um hotel, logo após a morte do pai. Um porão, embaixo desse hotel, havia sido designado como senzala aos seus escravos. Todos dormiam no mesmo lugar, como era costume durante a escravidão. Ela se recorda muito bem daquele quarto escuro; a única luz que entrava ali vinha de alguns painéis de vidro, onde o Sol refletia uma luz três vezes por dia, e do espaço entre as tábuas soltas do chão, com a terra acidentada embaixo delas, que normalmente se enchia de lama. Tanto os respingos quanto seus vapores nocivos eram incômodos e fatais para a saúde. Ela treme até hoje quando se lembra, e, quando volta para visitar esse porão e ver aqueles que ainda se encontram lá, homens e mulheres de todas as idades dormindo naquelas tábuas úmidas como se fossem animais, com um pouco de palha como colchão e um cobertor, ela imagina as dores reumáticas, as febres e as paralisias que torcem os membros e devastam o corpo de seus colegas escravos. Ainda assim, Sojourney não atribui essa crueldade, já que, com certeza,

por Olive Gilbert

isso é crueldade, esse descaso com a saúde e com o conforto de qualquer ser ao dono deles, que tinha o hábito herdado entre os senhores de esperar obediência voluntária e inteligente do escravo, porque ele é um HOMEM, ao mesmo tempo que todo esse sistema fazia de tudo para destruir o último vestígio de humanidade que havia dentro dele. Quando esta havia sido destruída, eram-lhe negados os confortos da vida aos quais ele tinha direito, mas esses não eram de seu conhecimento porque ele era considerado como um animal.

Seus irmãos e irmãs

O pai de Isabella era muito alto e magro quando jovem, o que lhe fez receber o apelido de Bomefree, palavra do baixo saxão holandês que significa árvore. Pelo menos, era dessa maneira que Sojourner o chamava, e ele sempre atendeu por esse nome. O nome mais familiar de sua mãe era Mau-Mau Bett. Ela era a mãe de pelo menos dez a doze crianças. Apesar de Sojourner não fazer ideia de quantos irmãos e irmãs tinha, o fato de ser a mais nova a salvou; todos os outros, os mais velhos inclusive, haviam sido vendidos antes que ela pudesse se lembrar deles. Ela teve sorte por ter conseguido manter por perto seis de seus irmãos enquanto ainda era escrava.

Dos dois irmãos que nasceram antes dela, um menino de 5 anos e uma menina de 3, que haviam sido vendidos quando ela era um bebê, Sojourner ouvia falar bastante e desejava que todos que acreditavam naquela crença estúpida de que pais escravos não tinham amor por seus filhos pudessem ter ouvido, como ela costumava ouvir Bomefree e Mau-Mau Bett naquele porão pouco iluminado, sentados por horas, contando cada lembrança bonita e também cada circunstância

por OLIVE GILBERT

angustiante que lhes vinha à memória, as histórias daquelas amadas crianças que tinham ido embora, que haviam sido roubadas deles e por quem seu coração continuava sangrando. Entre todas as histórias, eles se lembravam de como o pequeno, na última manhã com os pais, havia acordado com o canto dos pássaros, acendido uma fogueira, chamando a sua Mau-Mau, porque já estava tudo pronto para ela, sem nem imaginar que a dolorosa separação havia chegado. Seus pais, embora pressentissem que alguma coisa ruim estivesse para acontecer, ainda não acreditavam. Havia neve no chão nessa hora e um grande trenó antigo foi visto com alegria pelo inocente menino chegando à porta da casa do falecido coronel Ardinburgh. Mas, quando ele foi pego e levado ao trenó e viu que sua irmãzinha estava sendo trancada em uma caixa ali também, o menino percebeu a real intenção daquelas pessoas, e, como um cervo assustado, pulou do trenó e correu em direção a sua casa, se escondendo embaixo de uma cama. Contudo, ela não o protegeu. Ele foi recolocado no trenó e separado para sempre daqueles que haviam sido escolhidos por Deus para serem seus guardiões, a quem ele deveria, em seus últimos anos, proteger. Mas eu não comento situações desse tipo porque o coração de cada pai escravo conhece muito bem essa dor e cada coração sentirá essa dor como se fosse sua.

Aqueles que não são pais chegarão a conclusões baseadas naquilo que conhecem e no que só vivenciaram na filantropia: essas pessoas, iluminadas pela razão e pela revelação, também são infalíveis.

Sua educação religiosa

Isabella e Peter, seu irmão mais novo, continuaram com seus pais, mas sendo propriedade legal de Charles Ardinburgh até a sua morte, quando Isabella tinha quase 9 anos.

Depois disso, ela quase sempre era surpreendida pelo choro de sua mãe. Em sua inocência, ela lhe perguntava:

– Mau-Mau, por que está chorando?

A mãe lhe respondia:

– Ah, minha filha, estou pensando em seus irmãos e irmãs que foram levados para longe de mim.

E continuava falando sobre cada uma das crianças. Mas Isabella logo chegou à conclusão de que aquele era o destino de seus irmãos, e que sua mãe entendia muito bem, mesmo naquela época, que reviver aquelas memórias do passado só fazia o seu coração sangrar novamente.

No final da tarde, quando sua mãe terminava de trabalhar, ela se sentava sob aquele céu estrelado e chamava seus filhos, conversava com eles e pedia proteção ao único Ser que podia, de fato, protegê-los. Seus ensinamentos eram dados em baixo saxão holandês, seu único idioma, e, traduzidos para o português, eram mais ou menos dessa forma:

por OLIVE GILBERT

– Minhas crianças, há um Deus que ouve e cuida de vocês.

– Um Deus, Mau-Mau! Onde Ele mora? – perguntavam as crianças.

– Ele mora no céu – respondia ela. – E quando vocês são surrados, ou tratados com crueldade, ou se metem em problemas, devem pedir ajuda a Ele, e Ele sempre os ouvirá e os ajudará.

Ela os ensinou a se ajoelharem e a rezar o Pai-Nosso. Ela os ensinou também a não mentir e não roubar e a sempre obedecer a seus donos.

Às vezes, se sentia desolada e deixava escapar um lamento no idioma do salmista.

– Ah, Senhor, até quando? Ah, Senhor, até quando?

E à pergunta de Isabella:

– O que a aflige, Mau-Mau?

Sua resposta era apenas:

– Ah, um bom negócio me aflige. O suficiente me aflige.

Em seguida, novamente, ela apontava para as estrelas, e dizia, em seu idioma peculiar:

– Essas são as mesmas estrelas e a mesma Lua que cuidam dos seus irmãos e irmãs, e que eles observam quando olham para elas, apesar de estarem tão longe de nós e deles.

Assim, daquela maneira, ela se esforçava para mostrar a eles o Pai Celestial, como sendo o único ser que poderia protegê-los dos perigos que corriam; ao mesmo tempo, fortalecia e iluminava os laços de amor familiar, que ela acreditava ligarem os membros espalhados de sua preciosa família. Essas lições da mãe eram valiosas e sagradas para Isabella, como poderemos ver ao longo deste livro.

O leilão

Finalmente, o dia do terrível leilão, que jamais seria esquecido, chegou, e os escravos, os cavalos e todo o gado de Charles Ardinburgh, que morrera, seriam colocados à venda e, novamente, mudariam de dono. Não só Isabella e Peter como a mãe deles estavam na lista de objetos a ser leiloados e seriam vendidos pela melhor oferta, assim como os demais animais. Mas um problema surgiu entre os herdeiros: quem ia acabar ficando com Bomefree quando mandassem a sua amada Mau-Mau Bett para longe? Ele estava ficando fraco e doente, sentia dores fortes em decorrência do reumatismo e estava deformado mais por causa da exposição e do trabalho duro do que pela idade, apesar de ser muitos anos mais velho que Mau-Mau Bett. Bomefree já não era considerado valioso, ao contrário, logo se tornaria um peso para alguém. Depois de alguma discussão, nenhum dos presentes queria o fardo de ficar com ele. Finalmente houve um consenso e os maiores beneficiários dessa resolução seriam os próprios herdeiros: ficou acordado que abririam mão de leiloar Mau-Mau Bett e ela receberia a sua liberdade, sob a condição de que tomaria conta de seu fiel James; fiel não somente a ela

por OLIVE GILBERT

como marido, mas também como escravo daqueles que não sacrificariam um dólar sequer por seu conforto, principalmente agora que ele havia começado o seu caminho para o vale da escuridão da velhice e do sofrimento. Essa decisão foi recebida como uma boa notícia pelo nosso velho casal, que até o momento estava tentando preparar o coração para uma difícil luta, algo totalmente novo para eles, já que nunca haviam se separado antes. Apesar de ignorantes, indefesos e enfraquecidos pela dureza e crueldade de toda perda que já haviam tido, eles ainda eram pessoas, amavam e tinham o mesmo sentimento de todo ser humano. E a separação agora, no final da vida, após o seu último filho ter sido arrancado de seus braços, teria sido de fato terrível. Outro privilégio foi lhes concedido: que ficassem no mesmo porão escuro e úmido descrito anteriormente por mim: do contrário, teriam que se sustentar da melhor forma que pudessem. E, como a sua mãe ainda tinha condições de trabalhar, e seu pai um pouco também, eles progrediram por um tempo e conseguiram um pouco de conforto. Os estranhos que alugaram a casa eram pessoas bondosas e muito gentis com eles; não eram ricos e não tinham escravos. Quanto tempo essa situação durou, nós não sabemos dizer, já que Isabella ainda não tinha muita noção de tempo naquela época e não soube precisar se foram anos, semanas ou até mesmo horas. Mas ela acredita que sua mãe deva ter vivido muitos anos após a morte do senhor Charles. Ela se lembra de ir visitar seus parentes três ou quatro vezes antes da morte da mãe, e tinha a sensação de sempre passar algum tempo entre uma visita e outra.

Com o decorrer dos dias, a saúde de sua mãe começou a decair; uma febre, dores nas extremidades provocadas pelo trabalho duro e a paralisia deixaram o corpo dela estremecido; ainda assim, Mau-Mau e James continuavam firmes, colhendo um pouco aqui, um pouco lá, e, junto com os seus vizinhos gentis, era o suficiente para se manterem. Foi assim que a fome foi expulsa daquela casa.

A morte de Mau-Mau Bett

Em uma manhã, no início do outono (pelo motivo acima descrito, não sabemos precisar o ano), Mau-Mau Bett disse a James que iria fazer pão de centeio e chamou a senhora Simmons, sua vizinha simpática, para ajudá-la, já que queria que ficasse pronto de manhã. James lhe disse que iria limpar a carroça dos vizinhos, mas, antes disso, iria colher algumas maçãs em uma macieira próxima. Eles tinham autorização para isso. Se ela pudesse cozinhá-las com o pão, poderia deixar o jantar já quase pronto. Ele colheu as maçãs e, logo depois, viu Mau-Mau Bett sair para recolhê-las.

Quando James ouviu o chamado para jantar, começou a caminhar em direção a sua casa já imaginando o jantar humilde porém quente e saboroso. Mas, em vez de ser recebido pelo cheiro daquele pão recém-feito e das maçãs, a casa parecia mais triste do que o habitual, e no início ele não viu nem ouviu nada. Porém, ao entrar no porão, sua bengala, que ele usava para ajudá-lo a andar e para salvá-lo dos perigos, parecia impedir a sua entrada, e um som baixo, um balbucio, como se alguém estivesse engasgado, começou a ser ouvido perto daquele objeto,

por OLIVE GILBERT

dando-lhe a primeira noção da verdade: Mau-Mau Bett, a sua fiel companheira, a única pessoa que havia restado do que fora uma grande família, havia caído por força da paralisia que a acometia e jazia desamparada e inconsciente no chão! Quem entre nós, vivendo em uma boa casa, cercado de conforto e com tantos amigos gentis e compassivos, pode se imaginar no lugar do pobre e desolado James, sem um centavo, fraco, manco e quase cego, no momento em que ele descobriu que a sua companheira havia sido arrebatada dele, e que ele fora deixado sozinho no mundo, sem ninguém para ajudá-lo, confortá-lo ou consolá-lo? Mau-Mau Bett nunca mais recobrou a consciência e morreu horas depois de ter sido encontrada pelo pobre e enlutado James.

Os últimos dias de Bomefree

Isabella e Peter puderam ver, pela última vez, a mãe deitada em sua morada definitiva e visitar o seu velho pai enlutado. Logo em seguida, voltaram ao trabalho. E o mais triste foram as lamentações daquele velho homem, quando, finalmente, eles também tiveram que se despedir! Juan Fernández, em sua ilha remota, não era uma figura tão triste quanto esse pobre homem. Cego e manco, ele era muito antiquado para pensar, nem que fosse por um momento, em cuidar de si mesmo, e temia que ninguém se aproximasse dele para ajudá-lo. Ah, se lamentava.

– Eu achei que Deus fosse me levar primeiro. Mau-Mau era tão mais esperta que eu, e poderia tomar conta de si mesma; e sou tão velho e tão indefeso. O que será de mim? Eu não posso fazer mais nada, todos os meus filhos se foram, e acabei sendo deixado indefeso e sozinho.

– E aí, quando eu estava indo embora – disse sua filha, ao relatar essa parte da história –, ele levantou a voz e chorou como uma criança. Ah, como chorou! Consigo OUVI-LO agora, e me lembro tão bem disso como se tivesse acontecido ontem, pobre homem!!! Ele acreditava que Deus o havia abandonado mesmo, e meu coração sangrou ao ver a sua tristeza. Ele me implorou para conseguir permissão para ir vê-lo de vez em quando, coisa que fiz rapidamente e de coração. Porém, quando todos o deixaram, os Ardinburgh, tendo algum sentimento pelo seu escravo fiel e favorito, 'se revezaram' e cuidaram dele, permitindo que ficasse algumas semanas em uma casa, e, depois de um tempo, em outra, e assim por diante. Se, quando ele tivesse que sair, o lugar para onde iria não fosse muito longe, começava a andar, com sua bengala na mão, e não pedia ajuda. Se fosse uma distância de vinte ou trinta quilômetros, davam-lhe uma carona.

Enquanto vivia assim, Isabella teve permissão de visitá-lo duas vezes. Uma outra vez ela caminhou vinte quilômetros e levou seu bebê nos braços para vê-lo, mas, quando chegou à casa onde esperava encontrá-lo, descobriu que ele havia acabado de ir para uma casa a trinta quilômetros dali, e nunca mais o encontrou. A última vez que o viu, ele estava sentado em uma pedra, à beira da estrada, sozinho, e longe de qualquer casa. Estava migrando da casa de um dos Ardinburgh para outra, a quilômetros de distância. Seu cabelo estava branco como lã, quase não enxergava mais, e seu caminhar era mais dificultoso, porém o clima estava quente e agradável, e ele não desgostou da viagem. Quando Isabella se dirigiu ao pai, ele a reconheceu pela voz e ficou muito feliz. James recebeu ajuda para subir na carroça, foi levado de volta ao famoso porão e lá conversaram pela última vez. Novamente, como sempre, lamentou a sua solidão, falou angustiado sobre seus muitos filhos:

– Todos eles foram tirados de mim! Não tenho nenhum deles ao meu lado nem para me dar um copo de água gelada. Por que continuar vivendo?

Isabella, cujo coração ansiava pelo pai e por quem fizesse qualquer sacrifício para estar ao seu lado e poder tomar conta dele, tentou confortá-lo dizendo que tinha ouvido os brancos dizerem que todos os escravos do Estado seriam libertos em dez anos e que, quando isso acontecesse, ela voltaria para cuidar dele.

A HISTÓRIA DE SOJOURNER TRUTH, A ESCRAVA DO NORTE

– Eu tomarei conta do senhor tão bem quanto Mau-Mau o faria se estivesse aqui – continuou Isabella.

– Ah, minha filha – respondeu ele. – Eu não viverei tanto.

– Ah, viva, papai, viva, e eu vou cuidar muito bem do senhor – foi a sua resposta.

Ela agora diz:

– Porque, pensei naquela época, na minha ignorância, que ele poderia viver, se vivesse. Eu realmente pensava assim, como sempre fiz em qualquer situação na minha vida, e insisti que vivesse: mas ele balançou a cabeça, e insistiu que não poderia.

Mas, antes que a boa forma de Bomefree sucumbisse pela idade, pelo trabalho duro ou pelo enorme desejo de morrer, os Ardinburgh novamente se cansaram dele e ofereceram liberdade a dois escravos velhos, Caesar, irmão de Mau-Mau Bett, e sua esposa, Betsy, com a condição de que ambos cuidassem de James. (Eu quase disse, "seus cunhados", mas os escravos não tinham nem marido nem esposa perante a lei, a ideia de serem cunhados era decerto absurda.) E, apesar de serem muito velhos a ponto de ter dificuldade de cuidar de si mesmos (Caesar sofrera com febres durante anos, e sua esposa de icterícia), eles aceitaram prontamente a oferta de liberdade, seu desejo de uma vida, algo que a alma deles mais queria, apesar de que, na época, a emancipação fosse mais uma vida de miséria do que outra coisa, e a liberdade mais um desejo do dono que do escravo. Sojourner diz que, para os escravos, na ignorância deles, seus pensamentos eram tão pequenos quanto seu dedo.

A morte de Bomefree

Uma cabana pobre, em um bosque afastado, longe de qualquer pessoa, foi entregue aos nossos amigos libertos como única ajuda que poderiam esperar. Bomefree, naquela época, não conseguia ter as suas necessidades atendidas tanto quanto precisava, já que seus ajudantes mal conseguiam cuidar deles mesmos. No entanto, o tempo passa rápido quando as coisas tendem a piorar mais do que melhorar. Pouco tempo se passou e Betty morreu, e, pouco depois Caesar a seguiu para o lugar de onde ninguém volta, deixando o pobre James novamente desolado e mais desamparado que nunca. Dessa vez, não havia nenhuma família gentil na casa, e os Ardinburgh já não o convidaram para que ele pudesse ficar em uma de suas casas. Ainda assim, sozinho, cego e indefeso, James, por um tempo, seguiu em frente. Um dia, uma velha negra chamada Soan o chamou e James implorou a ela, de forma muito tocante, até mesmo com lágrimas, para limpá-lo, lavá-lo e vesti-lo, para que ele pudesse voltar a se sentir decente e confortável, pois sofria muito com a sujeira e com os insetos que não saíam de cima dele.

A HISTÓRIA DE SOJOURNER TRUTH, A ESCRAVA DO NORTE

Soan era uma escrava emancipada, velha e fraca, sem ninguém para tomar conta dela; mas não teve coragem de aceitar tanta responsabilidade, temendo adoecer e morrer lá sem nenhuma ajuda. Com muita relutância, e um coração cheio de lástima, de acordo com o que disse depois, sentiu-se forçada a deixá-lo em meio a sua miséria e sujeira. E, pouco depois de sua visita, esse fiel escravo, ou o que restou daquele ser humano, foi encontrado morto e congelado em sua cabana miserável. O anjo gentil finalmente havia ido buscá-lo e aliviado toda a sua miséria imposta por outros homens. Sim, ele havia morrido, de frio e de fome, sem ninguém para lhe dar uma última palavra de carinho ou uma última gentileza naquela hora em que tanto precisou!

A notícia da morte de Bomefree chegou aos ouvidos de John Ardinburgh, um dos netos do antigo coronel, e ele disse que Bomefree havia sido um leal e gentil escravo e deveria ter um bom funeral. E agora, caro leitor, o que você considera ser um bom funeral? Resposta, um caixão bem pintado e uma jarra de aguardente! Que recompensa para uma vida de trabalho, de submissão paciente a repetidos roubos do pior tipo, e, também, por uma morte por negligência assassina! O ser humano normalmente tenta, em vão, se redimir de sua crueldade com os vivos honrando-os quando morrem; mas John Ardinburgh, sem dúvida, quis que esse ato servisse mais de alívio para os demais escravos do que para a própria consciência.

Início do aprendizado de Isabella sobre a vida

Depois de termos visto o triste fim de seus pais, no que se refere a esta vida, voltemos a nos focar em Isabella, naquele leilão que ameaçou separar seus pais. Um leilão de escravos é terrível para as suas vítimas, e suas consequências e imprevistos ficam gravados no coração como ferro em brasa.

Nessa época, o preço de Isabella estava sendo cotado em cem dólares por um tal de John Nealy, do Condado de Ulster, Nova Iorque; ela tem a impressão que foi vendida junto com um lote de ovelhas. Isabella tinha 9 anos, e suas provações na vida podem ser datadas a partir desse momento. Ela diz, com ênfase:

– Agora a guerra começou.

A garota só falava holandês e os Nealy só falavam inglês. O senhor Nealy entendia holandês, mas Isabella e sua dona não conseguiam se entender, e isso por si só já era um obstáculo enorme para o bom entendimento entre elas, e durante algum tempo foi motivo de insatisfação para a sua dona, e de punições e sofrimento para Isabella. Ela diz:

A HISTÓRIA DE SOJOURNER TRUTH, A ESCRAVA DO NORTE

– Quando eles me pediam que fosse pegar uma frigideira, eu não entendia o que queriam, e eu levava até eles alguns cabos de panela e travessas. Então, ah! A senhora ficava uma fera comigo!

E ela sofria demais com o frio. Durante o inverno, seus pés quase congelavam, já que ela mal podia cobri-los. Eles lhe davam muita comida, mas também muitas chicotadas. Em uma manhã de domingo, Isabella estava com muito frio e a sua dona a mandou ir até o celeiro; ao chegar lá, viu o seu dono com vários bastões, em brasa, amarrados com cordões. Ele amarrou as mãos de Isabella à frente do corpo e lhe deu a surra mais cruel que ela já recebeu na vida. Açoitou-a até a sua carne ficar profundamente dilacerada, e o sangue escorrer de suas feridas. Ela ainda tem as marcas que comprovam. Diz ela:

– E agora, quando eu ouço falarem que açoitarão mulheres, isso faz o meu corpo todo doer e eu fico arrepiada! Ah, meu Deus! Que jeito é esse de tratar um ser humano?

Naqueles momentos de desespero, ela não esqueceu as lições de sua mãe, de elevar seus pensamentos a Deus, e, em cada instante de aflição, ela não só se lembrou como obedeceu: lembrou-se Dele, e Lhe contou tudo, e Lhe perguntou se achava que aquilo era certo, e implorou-Lhe que a protegesse de seus malfeitores.

Isabella sempre pedia, com uma fé inabalável, que deveria receber o que merecia.

– E agora – diz ela –, apesar de parecer curioso, não me lembro de ter pedido alguma vez qualquer coisa a não ser o que já recebi. E eu sempre recebi uma resposta às minhas orações. Quando eu fui surrada, nunca tinha pensado em rezar; sempre pensei que, se tivesse tido tempo de pedir ajuda a Deus, talvez tivesse escapado daquela surra.

Ela não fazia ideia que Deus conhecia os seus pensamentos, achava que Ele só ouvia aqueles que ela Lhe contava; nem que ouvisse as suas orações, a menos que fossem ditas em voz alta. E, consequentemente, ela não rezava, a não ser que tivesse tempo e oportunidade de o fazer, assim poderia conversar com Deus sem ser ouvida.

O aprendizado continua

Quando Isabella já estava com o senhor Nealy havia vários meses, começou a implorar a Deus que Ele enviasse o seu pai até ela, e assim passou a confiar que ele chegaria e, depois de um tempo, para sua grande alegria, ele chegou. Ela não teve chance de conversar com ele sobre os problemas que lhe pesavam tanto a alma; porém, quando ele estava indo embora, seguiu-o até o portão e ali abriu seu coração perguntando-lhe se havia alguma coisa que ele pudesse fazer para levá-la a um lugar melhor. Os escravos costumavam se ajudar descobrindo quem eram gentis com eles, comparando os senhores e, em seguida, usando de influência para conseguir que comprassem ou contratassem seus amigos; e senhores, em geral políticos, assim como outros humanamente gentis, permitiam àqueles que seriam vendidos escolher aonde queriam ir, se as pessoas que eles escolhessem fossem consideradas boas pagadoras. Ele prometeu ver o que poderia fazer, e se despediram. Porém, todos os dias, enquanto a neve durou (já que havia neve no chão naquela época), ela voltava ao lugar onde haviam se despedido e caminhava em cima do rastro deixado pelo pai, rezando repetidamente a Deus para que o ajudasse a encontrar um lugar que fosse melhor que aquele.

Pouco tempo depois, um pescador de nome Scriver apareceu na porta da casa do senhor Nealy e perguntou se Isabella gostaria de ir morar com ele. Ela rapidamente respondeu que sim e, sem duvidar, acreditou ser ele a resposta às suas orações. Pouco depois, ela já estava com ele. Isabella soube que ele a havia comprado como sugestão de seu pai, pagando cento e cinco dólares por ela. Ele também vivia no Condado de Ulster, mas a uns oito ou dez quilômetros do senhor Nealy.

Scriver, além de pescador, tinha uma hospedaria junto com a sua família, que era formada por pessoas pobres, ignorantes, com linguajar extremamente profano, mas, apesar disso, honestas e trabalhadoras.

Eles possuíam uma grande fazenda, que estava muito malcuidada porque a família atuava mais na pesca e na administração da hospedaria. Isabella diz que mal pode descrever o tipo de vida que viveu com eles. Era uma vida selvagem e livre. Ela tinha que carregar peixes, plantar milho, trazer ervas e raízes da floresta para a cerveja, buscar galões de melaço ou bebida, conforme fosse necessário, e caminhar por aí, como ela mesma disse. Era uma vida que lhe fez bem por um tempo, uma vez que não havia trabalho duro nem terror; porém a necessidade de uma vida melhor ainda não havia se tornado desejo. Em vez de melhorar nesse lugar, moralmente ela regrediu, aprendeu a xingar – e foi ali que ela fez o seu primeiro juramento. Após viver com aquela família por mais ou menos um ano e meio, ela foi vendida a John J. Dumont por setenta centavos. Era 1810. O senhor Dumont vivia no mesmo condado de seus antigos donos, na cidade de New Paltz, e Isabella ficou com ele até pouco antes de sua emancipação pelo Estado, em 1828.

A permanência com seu novo dono e dona

Se a senhora Dumont fosse um pouco gentil e tivesse alguma consideração com os escravos, assim como o seu marido, tanto Isabella quanto qualquer escravo teriam se sentido muito à vontade ali. O senhor Dumont havia nascido no berço da escravidão e, sendo um homem naturalmente gentil, tratava seus escravos com consideração da mesma forma que tratava seus animais, e talvez fosse mais carinhoso com os escravos. A senhora Dumont, porém, que havia nascido em uma família não escravocrata e, assim como muitos, tivera apenas trabalhadores comuns que, sob os mais diversos motivos, estavam dispostos a pôr toda energia em prática, não tinha a menor paciência com a lerdeza e a dificuldade de compreensão que eles tinham, ou via tudo como motivo para lançar mão de agressividade e rispidez. Ela não entendia que o escravo era uma pessoa totalmente destruída por dentro e muitas vezes por fora, o que o tornava lento e com dificuldade para entender as coisas. O escravo já não tinha ânimo para nada. Foi a partir daí que nossa heroína passou a receber uma série de lições de vida, em situações nas quais devemos silenciar, algumas por sensibilidade, outras porque falar sobre elas poderia causar dor a algumas pessoas que ainda vivem e cujas lembranças são de estima e amor por parte de Isabella; portanto, o leitor não deve se surpreender caso a nossa história pareça um tanto cautelosa agora, e pode ter certeza de que isso não acontece por falta de veracidade, já que a maioria das situações mais terríveis nessa parte da vida de Isabella vai ser, por vários motivos, omitida.

Isabella relata aqui um incidente insignificante, mas que ela acredita tê-la deixado impressionada na época. Ela percebeu que Deus protegia os inocentes e os fazia vencer os inimigos, e também conta como se posicionava diante de seu dono e sua dona. Em sua família, a senhora Dumont tinha duas empregadas brancas, uma delas se chamava Kate e o papel incumbido a ela era o de "esmagar" Isabella e, em suas próprias palavras, "acabar com ela". Seu dono quase sempre a protegia dos ataques e acusações de outros, falando bem de sua habilidade e vontade de trabalhar, e aqueles elogios pareciam alimentar a hostilidade contra ela por parte da senhora Dumont e de sua empregada branca, a qual, sempre que tinha chance, apontava os seus defeitos, falava mal dela para o seu dono e fazia aumentar o ódio que sua dona tinha de Isabella. Isso tudo levava a garota ao limite da paciência. Seu dono insistia que ela conseguia trabalhar como meia dúzia de pessoas e que o fazia bem também; enquanto isso, a sua dona insistia que a primeira afirmação era verdadeira, mas somente porque ela sempre recebia ajuda. Um turbilhão de sentimentos surgiu daquela diferença de opiniões. Um dia, algo fez com que tudo tomasse uma proporção sem limite: todas as batatas que Isabella havia cozinhado para o café da manhã tinham um aspecto sujo e nojento. Sua dona a culpou severamente, pedindo ao marido que observasse "a *beleza* do trabalho da *Bella*!", e continuou: "É assim que ela sempre trabalha". Seu dono também a repreendeu e ordenou que tomasse mais cuidado no futuro. Kate se uniu ao coro de repreensões e foi muito dura com ela. Isabella pensou que havia feito de tudo para ganhar a sua simpatia e se estressou demais na presença de todos. Começou a pensar em como evitá-los. Quando Gertrude Dumont (a filha mais velha da senhora D, uma menina boa e doce de 10 anos e que, de verdade, sentia pena de Isabella) ouviu todos repreendendo Isabella tão duramente, apresentou-se oferecendo ajuda e compreensão. Naquela mesma noite, ela foi até Isabella e lhe perguntou se poderia acordá-la cedo na manhã seguinte para preparar as batatas para ela, enquanto ela (Isabella) ia buscar leite, e assim evitariam que "Papai" e "Mamãe" brigassem tanto com ela.

Isabella aceitou com alegria aquele gesto de gentileza que havia tocado seu coração em meio a tanta tristeza. Quando Isabella pôs as batatas para ferver, Getty lhe disse que ela mesma poderia acender o fogo, enquanto Isabella fosse buscar leite. Não fazia muito tempo que ela havia se sentado perto do fogo, para cumprir com a sua promessa, quando Kate entrou e pediu a Gertrude que saísse de lá e fosse fazer algo para ela; ela se negou, e continuou sentada no seu lugar. Enquanto estava lá, Kate mexeu no fogo, pegou uma lasca, levantou um pouco de cinza e a despejou na panela. Agora o mistério estava resolvido, a trama fora descoberta! Kate estava sendo ágil e esperta ao manipular a patroa, ao mostrar que a senhora Dumont e ela estavam do mesmo lado e, consequentemente, se mostravam cada vez mais poderosas contra Isabella. Sim, ela ignorou a pequena figura sentada no canto, com tamanho senso de justiça, esperando para entregar todos os feitos da empregada.

Mas essa injustiça deveria acabar naquele momento. Agora era a hora de Getty falar.

– Ah, papai! Ah, papai! – disse ela. – A Kate está colocando cinzas nas batatas! Eu a vi fazendo isso! Olha só essas cinzas do lado de fora da panela! Agora o senhor sabe o que deixa as batatas tão ruins toda manhã, apesar da Bella lavá-las sempre!

E ela repetiu a sua história para todo mundo, até todos saberem a verdade da mesma forma que souberam da bronca em Isabella.

A senhora Dumont estava pálida e permaneceu em choque, seu marido disse algo em voz baixa que mais parecia um juramento, e Kate, também em choque, agiu como uma verdadeira criminosa que gostaria de se esconder em algum lugar (agora que a sujeira fora descoberta) para proteger o seu ego ferido e o profundo desgosto.

Foi uma vitória saborosa para Isabella e seu dono, e ela quis, ainda mais, deixá-lo feliz. O senhor Dumont estimulava aquela ambição com vários elogios, dizendo na frente de seus amigos que "aquela lá *(apontando para Isabella)* é melhor que qualquer homem, porque ela lava tudo à noite muito bem e está pronta logo cedo de manhã para começar a trabalhar, varrendo e costurando tão bem quanto as minhas próprias mãos". O desejo que Isabella tinha de agradar era tão grande que quase sempre trabalhava várias noites seguidas, dormindo apenas algumas poucas horas, sentada em sua cadeira; e algumas noites ela simplesmente nem se permitia dormir, às vezes descansava encostada na parede, pois temia se sentar e acabar pegando no sono por muito tempo. Esses esforços extras em agradar, e os elogios que se seguiam como consequência, atraíam a inveja dos demais escravos, que a insultavam chamando-a de a crioula dos brancos. Por outro lado, ela recebeu em troca a confiança de seu dono, e por isso recebia muitos pequenos favores que, para os escravos, eram inimagináveis. Eu cheguei a lhe perguntar se o senhor Dumont alguma vez a havia açoitado. E ela respondeu:

– Ah, sim, às vezes ele me açoitava bastante, porém não era cruel. E a única vez que ele me chicoteou muito forte foi porque eu havia sido cruel com um gato.

Naquela época, ela enxergava seu dono como um deus e acreditava que ele podia vê-la o tempo todo, assim como o próprio Deus. Chegou até a confessar os seus malfeitos tendo a certeza de que ele já sabia de tudo, e que seria melhor para ela confessar tudo voluntariamente: se alguém lhe falasse sobre a injustiça de ser escravo, ela respondia com desprezo e imediatamente contava ao seu dono. Naquela época, Isabella

por Olive Gilbert

acreditava que a escravidão era certa e honrosa. Agora, no entanto, ela consegue ver que todos estavam errados, donos e escravos, e se lembra, com profundo espanto, o absurdo das exigências arrogantemente feitas pelos donos, sobre eles terem sido criados por Deus para ser livres como reis e a estupidez perfeita dos escravos, ao admitirem essas exigências.

Obedecendo às ordens de sua mãe, ela havia se educado com um senso tão forte de honestidade que, quando se tornou mãe, às vezes açoitava seu filho quando ele chorava porque queria pão, em vez de dar a ele um pedaço escondido, para que aprendesse a não pegar o que não lhe pertencesse! E este escritor sabe, por experiência própria, que os donos de escravos do Sul sentiam ter o dever religioso de ensinar os seus escravos a ser honestos e a jamais pegar o que não lhes pertencia! A consistência não é uma joia? Ainda assim, Isabella se vangloria de sua fidelidade e sinceridade para com o seu dono. Diz ela: "Isso me fez ser fiel ao meu Deus", o que significava que ajudou a formar nela um caráter de quem amava a verdade e odiava a mentira, e que a havia salvo de sofrimentos maiores e medos inerentes à falta de sinceridade e à hipocrisia. À medida que os anos foram passando, um sentimento maior foi crescendo entre ela e um escravo chamado Robert. O senhor dele, porém, um inglês chamado Catlin que desejava que a sua propriedade fosse a única com maior número de escravos, proibiu as visitas de Robert a Isabella, e mandou ele se casar com uma de suas próprias escravas. Apesar dessa proibição, Robert, seguindo o seu coração, continuou a visitar Isabella, furtivamente, é claro, e, como acreditava, sem levantar suspeitas em seu dono. Mas em um sábado à tarde, ao saber que Bella estava doente, ele tomou a liberdade de ir vê-la. A primeira confirmação que teve sobre a sua visita foi o surgimento de seu dono, que lhe perguntara se ela havia visto Bob. Ao responder que não, ele lhe disse:

– Se o vir, diga-lhe para se cuidar porque os Catlin estão atrás dele.

Quase imediatamente depois, Robert apareceu e as primeiras pessoas que o viram foram os seus donos. Eles ficaram furiosos quando

A história de Sojourner Truth, a escrava do Norte

o viram lá, e o mais velho começou a xingar e a mandar o filho acabar com aquele preto vagabundo; ao mesmo tempo, ambos partiram para cima do escravo como tigres, batendo nele com suas bengalas, machucando e mutilando a sua cabeça e o seu rosto da pior forma possível, e provocando-lhe sangramentos como se fosse um animal abatido. O senhor Dumont interviu naquele momento, advertindo aqueles monstros que não queria sangue derramado em sua propriedade, não queria nenhum crioulo morto lá. Os Catlin então pegaram uma corda que haviam levado e amarraram as mãos de Bob para trás de tal forma que o senhor Dumont insistiu em que soltassem um pouco aquela corda, dizendo que nenhum escravo seria amarrado daquela maneira em sua propriedade. E, enquanto o levavam embora, como o pior dos criminosos, o senhor Dumond, bem mais humano que eles, acompanhou-os até à casa de ambos, como se fosse o protetor de Robert. Quando voltou, gentilmente disse a Bella, como ele a chamava, que ela não precisava se preocupar com Bob porque a raiva de seus donos havia se aplacado antes que ele tivesse saído daquela casa. Isabella havia testemunhado aquela cena da sua janela, e ficou muito chocada com a forma criminosa como os donos de Robert o trataram. Robert, a quem ela realmente amava, cujo único crime, aos olhos de seus perseguidores, era o seu amor por ela. Aquela surra, e não sabemos mais o que veio depois, destruiu por completo a alma de sua vítima, já que Robert nunca mais visitou Isabella, ao contrário, como um animalzinho obediente e fiel, tomou para si uma esposa que pertencia à casa de seu dono. Robert não viveu muitos anos após a sua última visita a Isabella. Acabou indo para onde eles não se casam nem são dados em casamento, e para onde o opressor não pode oprimir.

O casamento de Isabella

Logo depois, Isabella se casou com um escravo da fazenda chamado Thomas, que já havia se casado duas vezes. Uma das esposas, se não as duas, havia sido arrancada dele e vendida para longe. E é mais que provável que ele não apenas tivesse a permissão, mas que fosse incentivado a casar-se sucessivamente. Eu digo isso porque este escritor sabe, por experiência própria, que esse é um costume atual entre os senhores de escravos; e, vivendo entre eles durante vinte meses, nós nunca soubemos de alguém que abrisse a boca contra essa prática. Quando censurávamos isso, o senhor de escravos não dizia nada; e o escravo alegava que, sob aquelas condições, não podia fazer nada.

Tantas abominações são toleradas em silêncio, para dizer o mínimo, pelos senhores de escravos, e ninguém pode dizer nada. E qual é a religião que aprova, mesmo pelo silêncio, tudo o que essa "Instituição Peculiar" faz? Caso houvesse qualquer coisa mais diametralmente oposta à religião de Jesus que o trabalho desse sistema que destrói almas, que é aprovado tanto pela religião dos Estados Unidos quanto por seus ministros e igrejas, gostaríamos de saber onde se encontra.

A HISTÓRIA DE SOJOURNER TRUTH, A ESCRAVA DO NORTE

Nós dissemos que Isabella foi casada com Thomas. Como se fazia na época da escravidão, ela era uma das escravas a presidir a cerimônia para eles, uma vez que nenhum ministro verdadeiro de Cristo podia realizá-la, já que ele saberia que aquilo seria uma farsa, um casamento simulado, não reconhecido por nenhuma lei civil, e que podia ser anulado a qualquer momento, de acordo com os interesses ou o capricho dos donos.

Qual sentimento os senhores de escravos esperam de nós quando ouvimos as suas reações de horror sobre a miscigenação, enquanto eles sabem muito bem que nós sabemos como eles aceitam calmamente e com conveniência o estado atual de libertinagem que suas próprias leis criaram, não somente ao que se refere ao escravo, mas ao que se refere à parte mais privilegiada da população do Sul?

Os senhores de escravos, na minha concepção, sofrem dos mesmos vícios que os escravos, já que um deles extravasa os seus vícios em seus cavalos. Normalmente são um problema; mais do que isso, eles parecem não se preocupar com esse assunto.

A mãe Isabella

O tempo foi passando e Isabella se viu mãe de cinco filhos e se alegrou ao se permitir ser o instrumento do aumento no número de propriedades de seus opressores! Pense, caro leitor, sem se envergonhar, se puder, por um momento, em uma mãe entregar, voluntariamente, e com orgulho, seus próprios filhos, a "carne da sua carne" ao altar da escravidão em sacrifício! Mas devemos nos lembrar que seres capazes de fazer tais sacrifícios não são mães; são apenas "coisas", "objetos", "propriedades".

Desde aquela época, a personagem principal desta história fez alguns avanços e começou a se distanciar de sua visão como objeto e a se enxergar como mulher e mãe. Agora ela se lembra de seus pensamentos e sentimentos na época, quando era ignorante e havia se degradado, como sendo uma imagem de um sonho distante. Em dado momento, lhe parece ser apenas uma ilusão assustadora, mas foi uma realidade terrível. Eu costumava acreditar que Deus não permitiria que isso fosse verdade, mas não, agora eu sei, esta é uma verdade para três milhões de seres humanos objetificados.

A HISTÓRIA DE SOJOURNER TRUTH, A ESCRAVA DO NORTE

Eu já mencionei o fato de ela ter ensinado os seus filhos a não roubar e ela diz com lamentos que não podem ser escritos:

– Só Deus sabe quantas vezes eu deixei meus filhos sem comer, em vez de pegar um pedaço de pão escondido.

Todos os pais deveriam ensinar as suas lições através das práticas diárias seguindo o exemplo dela, assim teriam êxito nessa tarefa.

Mais um exemplo da generosidade de seu dono pode ser encontrado no relato a seguir. Se o seu senhor entrasse em casa e encontrasse um dos filhos dela chorando (já que nem sempre ela conseguia atendê-lo e à sua dona ao mesmo tempo), ele se dirigia à esposa com olhar de reprovação e lhe perguntava o porquê daquela criança não estar sendo cuidada, dizendo, honestamente, "eu não quero ouvir esse choro; não suporto isso, e não permitirei que nenhuma criança chore aqui. Aqui, Bella, cuide desta criança, senão nenhum outro trabalho será feito ao longo da semana". E permanecia ali para se certificar de que suas ordens seriam atendidas e não contrariadas.

Quando Isabella ia para o campo trabalhar, costumava colocar o seu bebê em uma cesta, amarrando uma corda em cada alça, pendurava a cesta no galho de uma árvore e pedia a outra criança que a balançasse. Assim, ela protegia o bebê dos répteis e cuidava melhor dele, e ainda pedia a alguma criança que cantasse para que seu filho pudesse dormir. Normalmente era uma criança muito nova para outro tipo de trabalho. Fui surpreendido pela minha ingenuidade com os cuidados para com os bebês, já que, em mais de uma ocasião, me deparei com uma mãe indígena em uma rede de balanço cuidando de seu filho doente, e aparentemente isso é muito mais fácil do que o que fazemos em nossas casas mais civilizadas; mais fácil para a criança, porque ela sente o balançar sem fazer nenhum esforço; e mais fácil para o cuidador, porque a rede está tão alta que não há a necessidade de se inclinar.

As promessas do senhor de escravos

Após a decretação da emancipação pelo Estado, alguns anos antes do tempo fixado para a sua realização, o dono de Isabella lhe dissera que se ela se comportasse e se permanecesse fiel ele lhe daria os documentos da liberdade um ano antes de sua liberdade legal. Em 1826, Isabella estava com um grave problema na mão, o que a deixou inutilizada. No dia 4 de julho de 1827, data em que receberia seus documentos de liberdade, ela foi até o seu dono e lhe cobrou a promessa. Ele, porém, se recusou a cumprir o combinado, por causa da perda da utilidade da mão de Isabella, o que o havia feito perder dinheiro (essa foi a sua alegação). Ela respondeu ter trabalhado o tempo todo e feito muitas coisas que, na verdade, não estava apta a fazer, apesar de saber ter sido menos útil que antes; mas seu dono continuou inflexível. Provavelmente a própria fidelidade de Isabella se voltava contra ela agora; ele sentiu muita dificuldade, mais do que acreditava que teria, em abrir mão dos benefícios que a fiel Bella lhe trazia, escrava essa que, por tanto tempo, o servira de forma tão eficiente.

Isabella permaneceu calada, mas determinada a ir embora assim que o trabalho mais pesado do outono terminasse. Ela iria embora para viver o resto de seus dias livre.

– Ah! – disse ela, com uma ênfase que não pode ser escrita. – Os senhores de escravos são TERRÍVEIS quando prometem isso ou aquilo a você, ou algum privilégio, se fizer isso então... e por aí vai; mas, quando chega a hora de cumprir o prometido, e a gente cobra aquela promessa, eles certamente não se lembram de nada: e você é acusado de algo que não é, MENTIROSO; ou, na melhor das hipóteses, o escravo é acusado de não ter cumprido a sua parte no acordo.

–Ah! – disse ela. – Senti como se eu não fosse aguentar mais aquilo. Só pense em nós! Tão ansiosos por sermos felizes, e tão bobos por continuarmos nos alimentando com a ideia de que merecemos receber o que nos foi prometido; e, quando pensamos que tudo isso está ao nosso alcance, nos descobrimos enganados! Só pense! Como podemos aguentar isso? Por que Charles Brodhead prometera ao seu escravo Ned que quando a colheita terminasse ele poderia ver a sua família que vivia a uns trinta ou cinquenta quilômetros dali. Então Ned trabalhou de manhã cedo até tarde da noite, e, assim que a colheita havia terminado, ele pediu que a promessa fosse cumprida. Seu dono respondeu que apenas lhe havia dito que veria se ele poderia ir quando a colheita terminasse, mas agora ele via que isso não seria possível. Mas Ned, que ainda acreditava na promessa, da qual dependia completamente, continuou limpando seus sapatos. Seu dono perguntou a ele se pretendia ir mesmo, e, ao ouvir a sua resposta "sim", pegou um bastão próximo e o acertou com tanta força na cabeça que lhe quebrou o crânio, matando-o na hora. Aquela pancada foi sentida por todos os negros. Ah! E todos sentiram mesmo. Essa foi uma de uma série de histórias sangrentas de pancadas contra a liberdade e contra a vida dos escravos[1]. Mas voltando à nossa digressão...

---

1 Não há nenhum registro desse mais que brutal assassinato.

por OLIVE GILBERT

A personagem desta história deveria ter sido liberta em 4 de julho de 1827, porém continuou com seu dono até que todo o trabalho mais pesado do outono terminasse, quando ela chegou à conclusão de que era hora de tomar a sua liberdade em suas mãos e procurar a sorte em outro lugar.

Sua fuga

A pergunta em sua cabeça, que não conseguia ser facilmente respondida, era: como conseguirei fugir? Então, como era já de seu costume, Isabella disse a Deus que estava com medo de sair à noite, mas de dia todos a veriam. Depois de tanto pensar, ocorrera-lhe que ela poderia ir embora antes do amanhecer e sair da vizinhança onde ela era conhecida antes que as pessoas acordassem.

– Sim – disse ela, com fervor. – Essa é uma boa ideia! Obrigada, Deus, pela ideia!

Então, acreditando que a sua ideia vinha diretamente de Deus, ela fez o que tinha que fazer, e em uma manhã, um pouco antes do amanhecer, Isabella saiu escondida pela porta dos fundos da casa do senhor Dumont, seu dono, com seu bebê em um dos braços e algumas roupas no outro. O volume e o peso de tudo isso, pela primeira vez, não a incomodavam, era um lenço de algodão que guardava as suas roupas e um pouco de comida.

À medida que foi se aproximando do cume de uma colina, já a uma distância considerável da casa de seu dono, o Sol foi ficando cada vez mais pesado e começou a brilhar em todo o seu esplendor. Isabella

por Olive Gilbert

nunca o havia visto brilhar tanto assim; de fato, ele estava brilhando muito. Ela parou de se preocupar consigo mesma e ficou de sobreaviso para impedir que alguém a visse. Ninguém apareceu e, pela primeira vez, ela se perguntou algo importante:

Para onde e até quem ela deveria ir?

De todas as vezes que pensou em fugir, ela nunca se perguntou como poderia cuidar de si mesma. Então se sentou, alimentou seu bebê, e novamente voltou seus pensamentos a Deus, sua única ajuda. Ela rezou para que Ele a guiasse para um local seguro. Logo lhe ocorreu que havia um homem vivendo em algum lugar na direção em que ela estava indo. Seu nome era Levi Rowe, a quem ela conhecia e acreditava que talvez pudesse ajudá-la. Isabella seguiu o caminho em direção à casa dele, onde o encontrou e recebeu dele ajuda prontamente, apesar de estar em seu leito de morte. Levi disse que conhecia dois bons lugares onde ela poderia ficar, e pediu à sua esposa que lhe mostrasse onde ficavam. Assim que avistou a primeira casa, ela se lembrou de já tê-la visto e de ter visto seus moradores também. Isabella instantaneamente exclamou:

– Meu lugar é aqui, é aqui que vou ficar.

Naquela casa encontrou boas pessoas. O senhor e a senhora Van Wagener estavam ausentes, mas ela foi muito bem recebida e tratada pela mãe deles, até o retorno dos dois. Quando chegaram, ela explicou toda a sua história. Eles a ouviram e garantiram que jamais deixariam de ajudá-la. Acabaram lhe dando um emprego.

Pouco depois, o seu antigo dono, Dumont, chegara, tal como ela previra. Quando decidiu ir embora, Isabella havia optado por não ir muito longe e não dificultar a sua procura, já que ela sabia que ele o faria, assim como Tom e Jack haviam feito quando fugiram dele pouco tempo antes. Esse gesto foi muito gentil, para dizer o mínimo, e uma prova de "boa vontade". Muitas vezes ele levava em consideração os sentimentos dela – nem sempre –, e ela foi igualmente gentil com ele.

Quando seu dono a viu, disse:

A HISTÓRIA DE SOJOURNER TRUTH, A ESCRAVA DO NORTE

– Então, Bella, você fugiu de mim.

– Não, eu não fugi; eu saí da casa durante o dia, e tudo porque o senhor me prometeu que me deixaria ir agora.

Sua resposta foi:

– Você vai voltar comigo.

Sua resposta foi:

– Não, eu não vou voltar com o senhor.

– Bem, então vou levar a criança.

A essa fala ele também recebeu um rotundo não.

O senhor Isaac S. Van Wagener interviu dizendo que ele jamais comprara ou vendera escravos; que não acreditava na escravidão, porém, em vez de ver Isabella levada à força, ele estaria disposto a comprar os seus serviços pelo resto do ano, pelo qual o dono dela cobrara vinte dólares, mais cinco pela criança. A soma foi paga e seu dono, Dumont, foi embora; mas não antes de ouvir o senhor Van Wagener dizer a ela para nunca o chamar de senhor, que só há um Senhor, que é o meu Senhor e o seu. Isabella perguntou a ele então como deveria chamá-lo. Ele respondeu:

– Chame-me de Isaac Van Wagener, e a minha esposa se chama Maria Van Wagener.

Isabella não conseguia entender aquilo e pensou estar passando por uma grande mudança, já que não chamaria alguém de senhor, cuja palavra era lei, mas simplesmente pelo nome, no caso Isaac S. Van Wagener, que não era senhor de ninguém. Com essas boas pessoas, que não poderiam ser donos de escravos, havia, sem dúvida, uma amostra da bondade de Deus. Ali ela morou durante um ano e acabou adotando o sobrenome Van Wagener. Aos olhos da lei, ele era o seu último dono, e o sobrenome de um escravo é o mesmo do seu senhor, com a permissão para usar outro nome, como Tom, Jack ou Guffin. Os escravos, às vezes, são severamente punidos por adicionarem ao seu nome o nome do dono. Mas, quando não há um título em particular, isso não chega a ser crime.

A venda ilegal de seu filho

Um pouco antes de Isabella abandonar seu antigo dono, ele havia vendido o filho dela, um menino de 5 anos, a um tal de doutor Gedney, que o levaria de Nova Iorque à Inglaterra. Mas ele achou o garoto pequeno demais para o serviço e o mandou de volta ao seu irmão, Solomon Gedney. Esse homem o deu ao marido de sua irmã, um rico agricultor chamado Fowler, que o levou para dentro de sua casa no Alabama.

Essa transação ilegal e fraudulenta havia acontecido meses antes que Isabella descobrisse, quando já estava morando com o senhor Van Wagener. A lei proibia expressamente a venda de qualquer escravo fora do Estado, e todos os menores de idade deveriam ser libertos aos 21 anos, e o senhor Dumont havia vendido Peter sabendo disso, portanto, ele teria que voltar ao Estado de Nova Iorque e emancipar-se na época certa.

Quando Isabella soube que seu filho tinha sido vendido e levado para o Sul, imediatamente saiu atrás do homem que havia tido a ousadia de fazer aquilo, mesmo contra a lei humana e divina, e, se possível, queria trazê-lo mesmo tendo que pagar por ele.

Quando chegou a New Paltz, foi direto encontrar-se com a sua antiga dona, a senhora Dumont, reclamando a venda de seu filho.

Sua dona ouviu tudo calada, e em seguida respondeu:

– Tanta confusão por causa de um crioulinho! Por quê? Você não tem tantos outros para cuidar, não? É uma pena, mas tem tantos outros crioulinhos por aí! Fazendo todo esse escândalo na vizinhança, e tudo por causa de um crioulo insignificante!!!

Isabella ouviu tudo calada e, depois de uma certa hesitação, respondeu, em tom firme.

– Eu vou recuperar o meu filho.

– Recuperar o seu filho! – repetiu sua dona, em tom de desprezo, e rindo da ideia absurda de recuperá-lo. – Como vai recuperá-lo? E, mesmo se conseguisse, como iria sustentá-lo? Tem dinheiro?

– Não – respondeu Bella. – Eu não tenho dinheiro, mas Deus tem o suficiente, ou o que há de melhor! E eu vou recuperar o meu filho.

Essas palavras foram pronunciadas bem lentamente, de forma solene e determinada.

E, por falar nisso, disse ela:

– Ah, meu Deus! Eu sei que vou recuperá-lo. Acabei de sentir que Deus vai me ajudar a trazê-lo de volta. Porque me sinto tão segura, como se o poder de Deus estivesse ao meu lado!

A impressão que Isabella deixou em seus interlocutores ao expressar o que sentia jamais poderá ser transmitida por escrito, para usar as palavras de outra pessoa. Até o surgimento do daguerreótipo[2], nós não conseguíamos mostrar as expressões, os gestos, os tons de voz adequados à expressão usada e ao espírito de animação que, na época, tomava conta de todas as suas palavras.

Depois de ter falado com a sua dona, Isabella chamou a senhora Gedney, mãe daquele que havia vendido o seu filho, que, após ouvir os

---

2 Daguerreótipo é um equipamento responsável pela produção de uma imagem fotográfica sem negativo.

seus lamentos, a sua dor misturada com indignação pela venda de seu filho e a sua declaração de que o recuperaria, disse:

– Meu Deus! Quanta confusão por causa do seu filho! O quê? O seu filho é melhor que a minha filha? A minha filha está por aí, e o seu mora com ela, tem de tudo um pouco, e é tratado como um cavalheiro! – Ela começou a rir dos medos absurdos de Isabella, à medida que os ouvia.

– Sim – disse Isabella. – A sua filha foi para lá, mas ela é casada, e o meu menino foi embora como um escravo, e ele é muito pequeno para ir tão longe sem a mãe. Ah, eu preciso encontrar o meu filho.

A risada contínua da senhora Gedney parecia algo quase demoníaco naquele momento de angústia e estresse. A senhora Gedney naquela época não fazia ideia do destino terrível que aguardava a sua amada filha nas mãos daquele que ela havia escolhido digno de seu amor e confiança, e em cuja sociedade seu jovem coração havia imaginado felicidade, pureza e sentimentos tão elevados quanto se poderia almejar. Mas, infelizmente, ela estava condenada ao desapontamento, como veremos mais à frente. Naquele momento, Isabella implorou a Deus para que Ele mostrasse àquelas pessoas que Ele estava ao seu lado, e ela me disse:

– E Ele o fez; ou, se Ele não mostrou para eles, mostrou para mim.

A noite fica mais escura logo antes do amanhecer

Este provérbio ilustra bem o caso de nossa personagem, porque, na época em que esta história aconteceu, a escuridão parecia a Isabella muito palpável, e as águas da aflição inundavam a sua alma; ainda assim, a luz iria entrar na sua vida.

Logo após o ocorrido no capítulo anterior, que havia levado a sua alma à agonia, ela conheceu um homem (gostaríamos de dizer quem é, caro leitor, mas seria prejudicial a ele, mesmo agora, fazê-lo) que evidentemente ficou tocado por sua história e a aconselhou a ir até os quakers, dizendo-lhe que eles já sabiam sobre a venda fraudulenta de seu filho e que estavam muito indignados com aquilo. Ele lhe garantiu que eles a ajudariam sem demora e disse o que fazer. Apontou duas casas para ela, onde algumas daquelas pessoas moravam, que antigamente, mais do que qualquer outra seita, talvez, se vivia de acordo com os preceitos de Cristo. Ela se dirigiu até as casas, foi ouvida com paciência, mesmo sem ninguém a conhecer, e logo conquistou solidariedade e uma ajuda efetiva.

por OLIVE GILBERT

Eles a acolheram naquela noite, e é muito bonito ouvi-la contando sobre a cama aconchegante, alta, limpa, branca e bonita que lhe deram para dormir e que contrastava tanto com as suas antigas camas, a ponto de ela se sentar para contemplá-la, totalmente maravilhada e pensando se de fato aquela cama lhe era adequada. Durante um tempo, Isabella pensou que deveria se deitar embaixo dela, na sua cama habitual, o chão.

– Pensei mesmo – diz ela, rindo da antiga Isabella.

No entanto, finalmente chegou à conclusão de que deveria aproveitar a cama, já que, caso não o fizesse, poderia ferir os sentimentos daquelas boas pessoas. Pela manhã, o quaker viu que ela havia sido levada para perto de Kingston, com ordem de ir direto ao tribunal e fazer uma queixa ao grande júri.

Fazendo algumas perguntas, Isabella descobriu qual era o prédio que procurava, foi até a porta e caminhou em direção ao primeiro homem de aparência imponente que viu. Começou a fazer a sua queixa. Muito educadamente, o homem a informara de que o grande júri ficava no andar de cima. Quando, com muita dificuldade, ela chegou ao local indicado, no meio daquela multidão, novamente se voltou ao homem "mais imponente" que ela vira e lhe disse que havia ido até lá para entrar com uma queixa no grande júri. Para a sua alegria, ele lhe perguntou qual era a queixa; mas, quando viu que a questão era séria, ele disse:

– Não é aqui que se faz uma queixa, vá até lá. – E apontou para uma direção.

Ela foi até lá, onde encontrou os jurados sentados, e novamente começou a relatar a sua queixa. Após uma breve conversa entre eles, um deles se levantou e pediu a ela que o seguisse até uma sala lateral, onde ouviu a sua história e lhe perguntou se ela podia jurar que a criança de quem falava era seu filho.

– Sim – Isabella respondeu. – Eu juro que é meu filho.

– Pare, pare! – disse o advogado. – Você deve jurar por este livro – falou dando a Isabella um livro que ela acha que era a Bíblia.

A história de Sojourner Truth, a escrava do Norte

Ela o pegou e, aproximando-o dos lábios, passou novamente a jurar que o menino era seu filho. Os escrivães, sem conseguirem mais manter o decoro, começaram a gargalhar, e um deles perguntou ao advogado Chip do que adiantaria fazê-la jurar.

– Responderá à lei – respondeu o advogado.

Em seguida, ele a fez entender o que queria que fosse feito, e a fez jurar diante da lei, mais ou menos de acordo com o que era necessário. Só Deus sabe o que ela realmente entendeu.

Depois, lhe entregou um mandado, dizendo-lhe que ela deveria levá--lo a um agente policial em New Paltz e pedir-lhe que entregasse aquele documento a Solomon Gedney. Ela obedeceu, caminhou, melhor dizendo, correu, com pressa, uns treze ou quinze quilômetros.

Mas, quando o agente, por engano, entregou o mandado a um irmão do verdadeiro culpado, Solomon Gedney fugiu em um barco. Ele estava quase cruzando o Rio North, já perto da margem, antes que o agente percebesse o seu erro. Enquanto isso, Solomon Gedney consultara um advogado, que o aconselhou a ir ao Alabama e trazer o menino de volta, do contrário poderia lhe custar catorze anos de prisão, e mil dólares em espécie. Esperava-se então que ele começasse a se dar conta de que vender escravos infringindo a lei não era um negócio tão bom como ele achava que era. Em segredo, começou a se preparar para a viagem e logo seguiu para o Alabama. Os barcos a vapor e as estradas de ferro ainda não haviam diminuído tanto a distância como acontece hoje, e, apesar de ter começado a viagem no outono daquele ano, ele só retornou na primavera, trazendo o menino com ele, mas de olho nele como se o garoto fosse sua propriedade. Sempre foi o desejo de Isabella não somente que o seu filho voltasse, mas que também fosse entregue a ela liberto da escravidão, antes que fosse punido pela raiva que sentissem dela, que já estava muito cansada e irritada com os seus opressores; e se a sua causa fosse dada como ganha, o seu triunfo só os irritaria ainda mais.

por Olive Gilbert

Novamente ela seguiu o conselho de Chip, que o agente policial citado entregasse a intimação à pessoa certa. Feito isso, Solomon Gedney foi logo levado para Kingston, onde se apresentou perante o tribunal e pagou a soma de seiscentos dólares.

Em seguida, Chip informou à sua cliente que o seu caso agora seria apresentado na próxima sessão do tribunal, em alguns meses.

– A lei deve seguir o seu curso – disse ele.

– O quê?! Esperar outra sessão?! Esperar meses? – disse a mãe persistente. – Porque muito antes disso ele pode fugir e levar o meu filho com ele, e ninguém saberá para onde. Eu não posso esperar; preciso dele agora, enquanto ainda há tempo.

– Bem – disse o advogado, com calma. – Se ele desaparecer com o garoto, terá que pagar seiscentos dólares, metade seria para você.

Supondo que, talvez, trezentos dólares pagassem pelo sequestro da criança, aos olhos de um escravo que jamais, em toda a sua vida, teve sequer um dólar. Mas, nesse caso, ele estava enganado em seu cálculo. Ela lhe assegurou que não queria dinheiro, e que o dinheiro também não a satisfaria; era o seu filho, e somente o seu filho que ela queria, e que deveria ter em seus braços. Ela não poderia esperar o tribunal. O advogado usou cada argumento que pôde para convencê-la, disse que ela deveria estar grata a eles pelo que haviam feito por ela, que esse era um acordo muito bom, e que seria inteligente esperar pacientemente pela próxima sessão no tribunal.

Ainda assim, em momento algum Isabella se sentiu influenciada por essas sugestões. Ela estava confiante de que receberia uma resposta às suas preces, que logo aquele fardo acabaria.

– Ah, Senhor, entregue o meu filho em minhas mãos, e rápido! Não permita que os malfeitores continuem com ele por mais tempo.

Não obstante, ela percebeu que aquelas pessoas que a haviam ajudado tão gentilmente estavam começando a se cansar dela, e temeu que Deus também estivesse se cansando. Ela havia aprendido fazia pouco tempo que Jesus era o Salvador e um intercessor; e pensou que, se Jesus pudesse intervir por ela no julgamento, Deus o ouviria, apesar de seu cansaço pelas reclamações dela. Então ela pediu a ele, é claro. Enquanto caminhava, sem saber ao certo para onde ir, perguntava-se: "quem me estenderá a mão e me ajudará nisso tudo?". De repente, foi parada por um completo estranho, cujo nome ela nunca conseguiu aprender, que lhe disse o seguinte:

– Olá, como é que foi com a história do seu filho? Eles o entregaram a você?

Ela lhe contou tudo, dizendo ainda que agora sentia que todos estavam cansados e que não tinha ninguém para ajudá-la. Ele disse:

– Escuta aqui! Eu vou dizer o que você deve fazer. Está vendo aquela casa de pedra lá? – E apontou para uma direção. – Então, o advogado Demain mora lá, vá até lá e explique o seu caso para ele. Eu acho que ele vai ajudar você. Grude nele. Não deixe ele em paz até aceitar o seu caso. Tenho certeza de que se você o pressionar ele vai fazer isso por você.

Isabella não precisou de mais nada. Correu até lá, em direção àquela casa, o mais rápido que pôde, e não estava usando meias, sapatos, nem nenhuma outra roupa mais pesada. Quando ela lhe contou a sua história, de forma desesperada, ele olhou para ela por alguns instantes, como se estivesse tentando descobrir se estaria diante um novo gênero humano, e disse-lhe que, se ela tivesse cinco dólares, ele traria o seu filho de volta em vinte e quatro horas.

– Por quê? – perguntou ela. – Eu não tenho dinheiro, e jamais tive um dólar sequer!

Ele respondeu:

– Se você for até os quakers em Poppletown, que a levaram aos tribunais, eles lhe darão cinco dólares, tenho certeza, e você terá o seu filho em vinte e quatro horas, a partir do momento em que me der essa quantia.

por OLIVE GILBERT

Isabella foi até Poppletown, uma distância de uns dezesseis quilômetros, muito rapidamente; conseguiu arrecadar uma soma maior do que a que o advogado pedira; então, segurando firme o dinheiro nas mãos, voltou correndo e pagou o valor que ele lhe pedira. Quando questionada sobre o que fizera com o resto do dinheiro, ela respondeu:

– Ah, o dinheiro era para o doutor Demain, então eu o entreguei a ele.

Todos lhe disseram que ela havia sido boba ao ter feito isso; que ela deveria ter guardado os cinco dólares e comprado um par de sapatos com esse dinheiro.

– Ah, eu não quero dinheiro nem roupa agora, eu só quero o meu filho, e se os cinco dólares forem devolver ele para mim, aí é que eu vou entregar esse dinheiro mesmo.

E se o advogado tivesse devolvido esse dinheiro a ela, ela não o teria aceitado de volta. Ela estava disposta a lhe entregar cada centavo que conseguisse arrecadar, se ele pudesse trazer o seu filho de volta. Além disso, os cinco dólares que ele exigiu eram para ele poder ir atrás do filho dela e de seu dono, e não para ele mesmo.

O advogado agora renovara a promessa de que traria o seu filho de volta em vinte e quatro horas. Mas Isabella, sem ter noção de tempo, foi várias vezes no mesmo dia até lá para ver se o filho havia chegado. Uma das vezes, quando a empregada abriu a porta e a viu, disse, em um tom de surpresa:

– Mas por que essa mulher veio de novo?!

Com isso ela se perguntou se havia ido muitas vezes. Quando o advogado apareceu, avisou-a de que as vinte e quatro horas expirariam na manhã seguinte e que, se ela ligasse, veria o filho. Na manhã seguinte, Isabella chegou na porta do advogado enquanto ele ainda dormia. Em seguida, ele lhe disse que a manhã iria até o meio-dia e que antes desse horário seu filho estaria lá, já que ele havia mandado o famoso "Matty Styles" atrás dele, alguém que não falharia em encontrar o menino e o seu dono, vivos ou mortos, até o horário indicado; disso ele tinha certeza. Disse que ela não precisava voltar lá; que ele mesmo a informaria de sua chegada.

Depois do jantar, ele foi até Mr. Rutzer (um lugar que o advogado havia conseguido para ela ficar enquanto esperava o filho) para lhe dizer que o seu filho havia chegado, mas que ele havia negado ter uma mãe ou qualquer parente naquele lugar e, por fim, que ela deveria ir até ele para identificá-lo. Isabella correu até o escritório, mas quando o menino a viu, começou a chorar e a acusá-la de ser uma pessoa horrível por tê-lo afastado de um bom amigo. Ele se ajoelhou e implorou a eles, chorando, para que não o afastassem de seu amado dono, que o havia trazido do Sul e que tinha sido tão bom para ele.

Quando foi questionado sobre a cicatriz na testa, o garoto contou que o cavalo de Fowler lhe havia dado um coice. E, sobre a cicatriz no rosto, ele disse que havia acontecido quando ele se chocara com a charrete. Ao responder a essas perguntas, olhou implorando ao seu dono, enquanto dizia:

– Se isso for mentira, o senhor me mandou dizer tudo isso; que pelo menos, tenha sido de seu agrado.

O advogado, notando a sua aparência, o obrigou a esquecer o seu dono e a responder apenas a ele. Mas o menino insistia em negar a sua mãe, e a ficar com seu dono, dizendo que a sua mãe não morava em um lugar como aquele. No entanto, eles permitiram que a mãe identificasse seu filho; e o doutor Demain a aconselhou a identificar o menino, isso porque ele havia sido vendido fora do Estado, o que era contra as leis nesses casos, e porque haveria o pagamento de multa por tal crime, e por causa da soma de dinheiro que o criminoso teria que pagar, caso alguém quisesse processá-lo pelo crime cometido. Isabella, que estava sentada no canto, mal conseguia respirar, e pensava: "Se eu ficar com o menino, duzentos dólares podem ficar para quem mais quiser processar, eu já fiz muita coisa que só me fez ganhar inimigos." Ela tremeu só de pensar

por Olive Gilbert

nos inimigos poderosos que provavelmente havia feito, ainda mais indefesa como era. Quando tudo já se encaminhava para o final, Isabella entendeu que o juiz iria declarar, como sentença, que o "menino seria entregue à mãe, não tendo outro dono, nem controlador, nem nenhum outro mestre que não a sua mãe". Essa sentença foi cumprida; ele foi entregue em suas mãos, e o menino continuava a implorar, deploravelmente, para não ser afastado de seu amado dono, dizendo que ela não era a sua mãe, e que a sua mãe não morava em um lugar como aquele. E foi só um tempo depois que o doutor Demain, os escrivães e Isabella puderam acalmar aquele menino e convencê-lo de que Isabella não era um monstro, como ele pensara nos últimos meses, provavelmente por influência de seu dono, o que o levava a pensar que, ao afastá-lo dele, o estaria afastando de tudo que era bom e levando-o para o mal.

Quando, finalmente, palavras doces e mimos aquietaram seus medos, e ele conseguiu ouvir as explicações, disse a Isabella:

– Bem, a senhora parece mesmo a minha mãe.

Finalmente ela conseguiu fazê-lo entender o que havia acontecido com ele, e a relação em que estava, tanto com a sua mãe quanto com o seu dono. Ela começou de imediato a examinar o seu filho e descobriu, para sua surpresa, que, desde a cabeça até a sola dos pés, havia calos e cicatrizes. Suas costas, ela descreveu como sendo extremamente ásperas, à medida que o tocava.

– Céus! O que é isso? – perguntou Isabella.

E ele respondeu:

– É onde Fowler me açoitava, chutava e me surrava.

Ela exclamou:

– Ah, Senhor Jesus, veja! Veja o meu pobre menino! Ah, Senhor, faça-os pagar em dobro por tudo isso! Ah, meu Deus! Pete, como foi que você aguentou?

– Ah, isso não é nada, mamãe, a senhora deveria ver a Phillis, acho que iria se assustar! Ela teve um bebê, e o Fowler a cortou até o sangue escorrer junto com o leite pelo corpo dela. A senhora se assustaria se visse a Phillis, mamãe.

Quando Isabella perguntou: "O que a senhora Eliza[3] disse, Pete, quando você foi tratado tão mal?", ele respondeu:

– Ah, mamãe, ela disse que queria que eu estivesse com a Bella. Às vezes eu me encolhia, mamãe, e sentia o sangue escorrer, e as minhas costas ficavam grudadas nas tábuas do chão; e às vezes a senhora Eliza vinha e passava alguma coisa para a dor passar, quando todos já estavam dormindo.

---

3 Seria a senhora Eliza Fowler.

A morte da senhora Eliza Fowler

Assim que foi possível, Isabella procurou um canto para Peter, em um lugar chamado Wahkendall, perto de Greenkills. Depois de algum tempo, quando ele já estava mais disposto, ela visitou a sua irmã Sophia, que morava em Newberg, e passou o inverno na casa de diferentes famílias onde fora recebida. Durante um tempo, ficou com a família do senhor Latin, parente de Solomon Gedney, e este, quando encontrou Isabella com seu primo, usou toda a sua influência para fazê-lo acreditar que ela era uma grande mentirosa e só criava problemas, que ela o havia feito perder algumas centenas de dólares ao mentir sobre ele e, principalmente sobre a sua irmã e sua família, no que dizia respeito ao filho dela (Isabella), quando este sempre fora um cavalheiro com eles; e, de sua parte, ele não aconselharia seus amigos a acreditarem nela ou abrigá-la. No entanto, seus primos, os Latin, não acreditaram em suas palavras, e consequentemente elas deixaram de ter algum valor para eles, e deixaram Isabella ficar ao seu serviço sempre que ela fizesse o que eles mandassem.

A HISTÓRIA DE SOJOURNER TRUTH, A ESCRAVA DO NORTE

Então ela foi visitar o seu antigo dono, o senhor Dumont. Mal chegou lá, o senhor Fred. Waring entrou, e ao ver Isabella, educadamente a cumprimentou e lhe perguntou o que vinha fazendo naqueles tempos. Quando ela respondeu "nada em particular", ele lhe pediu que fosse até a sua casa e cuidasse de seus pais, que estavam doentes e precisavam de ajuda. Muito gentilmente ela aceitou. Quando o senhor Waring se aposentou, seu dono queria saber o porquê de ela querer ajudar as pessoas que costumavam chamá-la de "a pior dos demônios", como o senhor Waring havia feito no tribunal, já que ele era tio de Solomon Gedney e foi até o julgamento do qual falamos anteriormente e disse que ela era uma tola e que ele jamais faria algo assim. Isabella respondeu que não se importava, pelo contrário, se sentia feliz por ver que as pessoas esqueciam a raiva que sentiam dela. Ela foi até lá, estava feliz por sentir que o ressentimento havia passado, e começou a trabalhar com o coração leve e com muita vontade. Não fazia muito tempo que estava lá trabalhando quando a filha mais nova do senhor Waring entrou nos cômodos gritando, com as mãos para cima.

– Meu Deus do céu, Isabella! O Fowler matou a prima Eliza!

– Oh! Não me surpreende, ele queria ter matado o meu filho. Só Deus para salvá-lo.

Ela queria dizer que não estava nem um pouco surpresa, já que um homem cujo coração era tão duro a ponto de tratar uma criança tão mal como tratou o menino era, na sua opinião, mais um demônio que uma pessoa, e podia cometer qualquer crime que estivesse disposto a cometer. A criança chegou mais tarde dizendo que os correios haviam trazido as notícias.

Imediatamente após esse anúncio, Solomon Gedney e sua mãe chegaram, indo direto para o quarto da senhora Waring, de onde logo Isabella começou a ouvir a voz de alguém lendo alguma coisa. Ela ouviu uma voz interna que lhe dizia "Suba e ouça". Em um primeiro momento, ela hesitou, mas aquela voz pareceu pressioná-la. "Suba e ouça!"

por OLIVE GILBERT

Ela subiu, algo incomum para os escravos fazerem, deixar o trabalho de lado e ir direto para o quarto de sua dona, ainda mais pelo motivo de apenas ver ou ouvir o que talvez pudesse ser visto ou ouvido lá. Porém, naquela ocasião, Isabella disse que caminhou até a porta, fechou-a, ficou de costas para ela e ouviu. Ela os viu e ouviu lendo:

"Ele a derrubou com um soco, pulou em cima dela com os joelhos, quebrou a sua clavícula e esmagou a sua traqueia! Ele tentou fugir, mas foi perseguido e preso e colocado a ferros por medida de segurança!"

E seus amigos tiveram que descer e levar as pobres crianças embora, crianças que, em um instante, haviam se tornado órfãs.

Se esta história, algum dia, chegar aos olhos de sofredores inocentes pela culpa de outro alguém, não permita que essas pessoas sejam muito afetadas por isso; ao contrário, diga-lhes para depositarem a sua confiança Naquele que sabe o final desde o começo, e que controla tudo, diga-lhes para terem fé, apesar das possíveis dores físicas provocadas pelos pecados de outros. Se permanecerem fiéis a si mesmos, seus mais altos e sólidos direitos jamais poderão sofrer. Essa relação deveria ser suprimida pelo seu próprio bem, já que não se pode negar que a escravidão esteja enfraquecendo tudo o que está relacionado à vida humana. Nós sabemos que este acontecimento não é uma demonstração do contrário; mas, ao adicioná-lo à lista de tragédias que acontecem toda a semana, não estaremos admitindo que essa seja uma verdade irrefutável? As notícias confirmaram essa constatação através desse crime terrível.

Quando Isabella ouviu o que a carta dizia, absorveu tudo de acordo com seus próprios sentimentos, em seguida voltou ao trabalho com o coração imerso em emoções conflitantes. Ela ficou horrorizada com tamanha brutalidade; lamentou o destino da amada Eliza, que havia sido retirada de suas obrigações de forma tão bárbara e não merecida, além de ter sido privada de seu dom como mãe; e, por último, mas não menos importante, ao desenvolver o seu caráter e espírito, seu coração sangrou pelos parentes em luto; mesmo aqueles que riram de seu desespero e zombaram dela quando ela teve medo. Ela ficou pensando naquilo durante muito tempo, e na cadeia maravilhosa de eventos que haviam conspirado para levá-la, naquele dia, àquela casa, que a tinha feito ouvir tudo aquilo, naquela casa, onde ela jamais havia estado, e fora convidada por pessoas que, um dia, haviam sido muito agressivas com ela. Todo aquele acontecimento foi muito marcante para ela, e ela o enxergou como uma providência divina especial. Acreditava ter entendido tudo muito claramente, e que aquela perda tão brutal havia sido um golpe perpetrado pela justiça divina; mas não sentiu o seu coração exultante nem tampouco feliz por aquilo. Sentiu como se Deus tivesse respondido totalmente às suas preces no momento que dissera, com profunda angústia:

– Ah, Senhor, dê-lhes em dobro!

Ela disse:

– Procurei não encontrar culpados junto a Deus; mas o meu coração sim. Ah, meu Deus! Isso é demais, eu não pretendia que chegasse a isso, Deus!

Aquilo foi um golpe terrível para os amigos da falecida; e sua mãe egoísta (que, de acordo com Isabella, havia feito um escândalo sobre o problema do filho dela, não por carinho, mas porque queria que as coisas fossem do seu jeito) enlouqueceu, e, andando de um lado para o outro em seu delírio, chamava pela sua pobre filha assassinada: "Eliza! Eliza!".

A loucura da senhora G. foi um rumor, já que Isabella só foi vê-la depois do julgamento; mas não havia razão para duvidar do que havia ouvido. Isabella jamais poderia adivinhar o destino de Fowler, mas ouviu, na primavera de 1849, que seus filhos haviam sido vistos em Kingston, um desses rumores dava conta de que uma dessas crianças se tratava de uma menina interessante e bonita, embora envolta em um véu de tristeza.

A experiência religiosa de Isabella

Agora sairemos da vida externa e temporal da nossa personagem para a vida interna e espiritual dela. Tentar compreender, através dos mistérios da vida, a mente humana, é tão interessante quanto enriquecedora; e em especial uma mente tão especial e naturalmente poderosa como a dela, que teve que aprender tudo sozinha e cujas influências foram aparecendo ao longo de sua vida; e com destaque no que se refere à aceitação da luz divina que ilumina cada homem que vem para este mundo.

Conseguimos enxergar, com o conhecimento que chega até nós, a verdade e o erro estranhamente mesclados; aqui, um ponto iluminado pela verdade, e lá um ponto escurecido e distorcido pelo erro; e o estado dessa alma pode ser comparado a uma paisagem do nascer do sol, em que o sol é visto fazendo alguns objetos brilharem muito e fazendo outros emanarem suas sombras grandes, distorcidas e, por vezes, horripilantes.

Sua mãe, como já dissemos, falava com ela sobre Deus. Dessas conversas, sua mente vazia chegou à conclusão de que Deus era "um grande

A HISTÓRIA DE SOJOURNER TRUTH, A ESCRAVA DO NORTE

homem"; muito superior a outros homens no que se refere ao poder; e se encontrava "no alto do céu" e podia ver tudo o que acontecia na terra. Ela acreditava que Ele não só via como anotava todas as suas ações em um grande livro, assim como o registro que o seu dono mantinha para não esquecer o que precisava ter em mente. Mas ela não fazia ideia de que Deus conhecia até os seus pensamentos até ter dito aquilo em voz alta.

Como já dissemos, Isabella sempre obedecera às ordens de sua mãe, contando em detalhes todos os seus problemas a Deus, implorando e confiando totalmente que Nele receberia uma resposta. Quando ainda era criança, ela ouviu uma história sobre um soldado ferido, abandonado em uma trilha, indefeso e faminto, que não se cansou de se ajoelhar implorando a Deus que viesse em seu auxílio, até que esse auxílio veio. Essa história a tocou muito e ela ficou impressionada com a ideia de que, se ela também pedisse a Deus ao ar livre e olhando para o céu, falando em voz alta, teria mais chance de ser ouvida; consequentemente, encontrou o lugar perfeito para isso, seu santuário rural. O lugar que ela escolheu para fazer as suas orações diárias era uma pequena ilha cercada de um riacho e coberta por grandes arbustos de salgueiro. Ali se tornara o refúgio de descanso de algumas ovelhas; e elas se protegiam dos raios fortes do Sol do meio-dia na sombra fresca desses salgueiros graciosos, enquanto ouviam o barulho delicado das águas prateadas. Era um local solitário escolhido por ela pela sua beleza, sua distância, e porque pensava que lá, em meio ao barulho da água, poderia falar em voz alta com Deus sem ser ouvida por ninguém que pudesse, por ventura, passar por ali. Quando Isabella escolheu o seu santuário, em um ponto da ilha onde o riacho voltava a se encontrar, após uma parte separado, ela melhorou o lugar afastando alguns galhos dos arbustos e unindo-os para fazer uma parede externa, formando uma espécie de cômodo circular, feito totalmente de salgueiro. Ela ia para lá todos os dias e, com o tempo, com muito mais frequência.

Nesse momento, as suas orações, ou melhor, "as conversas com Deus", eram perfeitamente originais e únicas e deveriam ser preservadas. Seria possível expressá-las em palavras? Acredito que essas conversas seriam impossíveis de expressá-las por escrito.

Às vezes ela repetia "Pai Nosso que estais no céu" em seu dialeto, como havia sido ensinado pela sua mãe; depois disso, tudo o que saía de sua boca vinha direto de sua mente bruta. Ela se relacionava com Deus a cada instante, contava todos os seus problemas e sofrimentos, e sempre perguntava, à medida que rezava, "o Senhor acha certo, Deus?". E implorava para que o mal não se aproximasse, sem importar o que fosse.

Ela conversava com Deus tão à vontade, como se Ele fosse alguém como ela; e talvez até com mais intimidade do que se Ele fosse realmente alguém normal. Ela exigia, com um tanto de reverência ou medo, uma resposta aos seus desejos mais profundos, e, às vezes, suas exigências pareciam se realizar um pouco. Ela sentia como se Deus tivesse alguma obrigação com ela, mais do que ela com Ele. Aos seus olhos tão inocentes, acreditava que Ele estava preso à sua vontade.

Seu coração recuara agora, com muito medo, no momento que se lembrou dessas conversas chocantes, quase blasfemas, com o seu grande Jeová. E ela considerava que, à diferença dos seres da terra, o comportamento Dele era uma combinação de ternura de pai com a onisciência e a onipresença do Criador do universo.

No início, ela começou prometendo a Deus que, se Ele a ajudasse em todas as suas dificuldades, ela seria uma pessoa muito boa; e essa bondade seria como um pagamento a Deus. Isabella não conseguia pensar em nada melhor para ela e para as demais pessoas do que uma vida de pureza e autossacrifício pelo bem dos demais; no que se referia a Deus, ela só conseguia enxergar a penitência feita de boa vontade, sustentada pelo esforço austero; mas logo descobriu que era muito mais fácil prometer isso do que o cumprir.

A HISTÓRIA DE SOJOURNER TRUTH, A ESCRAVA DO NORTE

Os dias foram passando, novas percepções foram surgindo, a ajuda de Deus foi invocada, e as mesmas promessas repetidas; e a cada noite que passava ela sentia que a sua parte no acordo não estava sendo cumprida. Ela agora começara a inventar desculpas, dizendo a Deus que não conseguiria ser boa na atual situação em que se encontrava; mas se Ele lhe desse um novo lar e um bom dono e dona, ela poderia e seria boa; e estipulou expressamente que seria boa um dia para mostrar a Ele quão boa poderia ser o tempo todo, quando Ele a cercasse das influências certas, e se visse livre das tentações que sempre a cercaram. Mas infelizmente, quando a noite chegava, e ela se dava conta de que havia cedido a todas as tentações, e que havia falhado em manter a sua palavra a Deus, tendo rezado e prometido durante uma hora, e caído nos pecados da raiva e da profanação, se sentia mortificada, com peso na consciência, e a sua alegria desaparecia. Ainda assim, não deixava aquilo a abater; continuou repetindo as suas exigências por ajuda, e suas promessas, de todo coração, de que naquele dia ela não falharia em sua palavra dada.

Assim, aquela faísca interna foi se apagando, como uma chama acesa quando se espera para ver se ela vai queimar ou morrer, até que o desejo por mudança surgiu, e ela se viu em um novo lar e com uma boa dona, e um dono gentil que jamais fora grosseiro com ela; em suma, um lar onde ela não tinha do que reclamar, e onde, durante um tempo, ela estava mais feliz do que poderia expressar.

– Ah, tudo era tão agradável, tão bom e tão confortável; não havia do que reclamar; na verdade, era tudo lindo! – exclamou.

Aqui, na casa do senhor Van Wagener, como o leitor rapidamente poderá se lembrar que ela esteve, Isabella foi tão feliz e tão contente que acabou esquecendo de Deus. Por que seus pensamentos se voltariam para Ele, que lhe servia apenas nos momentos de problema? Ela não tinha mais problemas; todas as suas orações haviam sido atendidas por completo. Ela havia sido libertada das pessoas que a perseguiam e das tentações, seu filho mais novo havia sido devolvido e os demais que

63

por OLIVE GILBERT

ela sabia não ter condições de criar deviam estar melhor onde estavam. O pai dessas crianças, muito mais velho que Isabella, e que havia preferido terminar os seus dias de trabalho na escravidão a ter que encarar os problemas e perigos do caminho que ela havia seguido, permaneceu com eles e deles cuidava, apesar de ser pouco o que cada um pode fazer pelo outro sendo escravos; e, quanto menor o escravo, tal como acontece com as pessoas na vida, nem sempre conseguiam trabalhar como deviam. Há escravos que copiam o egoísmo de seus donos no que se refere ao poder em sua conduta para com os seus iguais, que também se encontram a sua mercê, por doenças ou enfermidades, e permitem que sofram sem demonstrar nenhuma gentileza ou compaixão.

Os escravos neste país sempre puderam comemorar as principais, se não algumas das menos importantes, festividades católicas e da Igreja da Inglaterra; muitos deles deviam, inclusive, diminuir o ritmo de trabalho por vários dias, e no Natal têm, praticamente, a semana inteira só para eles, exceto, talvez, alguns deveres que precisam ser cumpridos e que são necessários para garantir o conforto da família à qual pertencem. Se fosse necessário fazer mais alguma coisa, eles seriam contratados e pagos como se fossem libertos. Grande parte deles passa essas datas ganhando algum dinheiro. A maioria faz algumas visitas e participa de festas e bailes, e muitos passam essas datas vivendo uma vida normal. Esse descanso do trabalho lhes é dado por todos os senhores de escravos religiosos, não importa a Igreja, e provavelmente esse costume tenha se originado do fato de que muitos dos primeiros senhores de escravos foram membros da Igreja da Inglaterra.

Frederick Douglass, que vem devotando o seu grande coração e talento totalmente à causa de sua raça tão massacrada, disse:

– Pelo que sei do efeito de suas festividades sobre o escravo, acredito que estejam entre os meios mais eficazes, nas mãos do senhor de escravos, de manter o espírito de insurreição aquietado. Caso os senhores de escravos tivessem abandonado essa prática, não tenho a menor dúvida de que isso levaria a uma insurreição imediata entre os escravos. Essas festividades servem de condutores ou válvulas de escape para afastar o espírito de rebelião nos escravos. Porém, para chegar a isso, o escravo teria que ser forçado ao desespero; e ai daquele senhor de escravos que, um dia, decidisse tirar ou impedir o funcionamento desses condutores! Eu o alertei sobre isso, em uma certa ocasião, que um dia um espírito iria avançar para dentro da sua casa e seria mais destruidor que o mais forte dos terremotos.

Quando Isabella ficou na casa do senhor Van Wagener durante alguns meses, ela viu as festividades se aproximando. Ela as conhece, mas pelo nome em holandês, *Pingster*, como ela diz, mas eu acho que tenha sido Pentecostes, em português. Ela diz que se sente como no Egito, e tudo parece tão bom lá, lembrando-se dos demais escravos aproveitando a sua liberdade nem que seja por pouco tempo, assim como os seus costumes, e no seu coração ela desejava estar com eles. Com essas imagens na cabeça, ela percebeu o contraste com a quietude e a paz que agora estava vivendo com aquelas excelentes pessoas de Wahkendall, e lhe pareceu uma tolice de sua parte querer voltar para lá para, pelo menos, passar com eles, mais uma vez, as próximas festividades. Esses sentimentos ocuparam a sua mente de maneira secreta, isso por um tempo, quando, em uma manhã, ela disse à senhora Van Wagener que o seu antigo dono, o senhor Dumont, viria naquele dia, e que ela voltaria com ele para casa. Aquelas pessoas se surpreenderam e lhe perguntaram como ela sabia essa informação. Ela respondeu que ninguém havia lhe dito nada, ela apenas sentia que ele iria até lá.

Parecia ter sido uma daquelas situações de "acho que já vi isso acontecer antes"; e, antes do anoitecer, o senhor Dumont apareceu. Ela lhe informou a intenção de voltar com ele para casa. Ele respondeu, com um sorriso, "eu não vou te levar de volta; você fugiu de mim". Pensando que os seus modos contradiziam as suas palavras, ela não se sentiu rejeitada,

por Olive Gilbert

ao contrário, se arrumou e arrumou o seu filho; e quando o seu antigo dono se sentou na carroça, ela caminhou até ele na intenção de se sentar atrás com o filho e ir embora com ele. Quando se aproximou e disse que Deus havia revelado a ela que ele viria, com toda a subtaneidade de um raio, mostrando a ela, em um piscar de olhos, que Ele estava em toda a parte, que Ele havia criado o universo, e que não havia lugar algum onde Deus não estivesse, instantaneamente ela percebeu que havia cometido um grave pecado ao esquecer do seu Todo-Poderoso amigo e ajudante sempre presente em momentos difíceis. Todas as suas promessas não cumpridas vieram à sua mente, como um mar agitado cujas ondas correm pelo alto das montanhas; e sua alma lhe parecia mais um monte de mentiras, começou a se encolher envergonhada diante Daquele com quem falara um tempo atrás, como se Ele fosse alguém como ela; e agora ela queria se esconder nas profundezas da terra para poder escapar à sua presença. Porém, viu que não havia onde se esconder, nem mesmo no inferno, onde Ele não estava; e para onde ela poderia ir? Outro "olhar" daqueles, como ela dissera, e ela sentiu como se merecesse ser extinta para sempre, como o ar que saindo de sua boca "apagasse uma vela", para que não restasse nada.

Um medo terrível de aniquilação agora tomava conta dela, e ela esperou para ver se depois de "outro olhar" ela seria eliminada da face da terra, engolida, assim como o fogo consome o óleo com o qual entra em contato.

Quando finalmente o segundo olhar não veio, e sua atenção se voltou, mais uma vez, para coisas externas, ela viu que o seu dono havia ido embora, e gritou alto:

– Ah, Deus, eu não sabia que o Senhor era tão grande!

Entrou em casa e se esforçou para continuar o trabalho. Porém, o trabalho Dele era muito envolvente e ela não conseguia se concentrar. Desejava falar com Deus, mas a sua vileza não a deixava, e não pôde fazer pedido algum. "O quê! Será que eu devo mentir novamente para

Deus? Eu só menti para Ele; será que devo falar com Ele novamente, e contar-lhe outra mentira?". Ela não podia; e agora começava a desejar que alguém falasse com Deus por ela. Em seguida, um espaço pareceu se abrir entre ela e Deus, e sentiu que se alguém, que merecesse estar no céu, pedisse por ela em seu nome, sem deixar Deus saber que o pedido vinha dela, que não era merecedora, Deus talvez concedesse o pedido. Depois de um tempo, uma amiga apareceu e ficou entre ela e uma divindade insultada; e ela se sentiu tão aliviada, como se um guarda-sol tivesse se entreposto entre ela e o Sol em um dia quente. Mas quem era essa amiga? Essa foi a próxima pergunta. Seria Deencia, uma amiga de longa data? Ela olhou para ela, com o seu novo poder de visão, e ela também parecia toda machucada e dolorida, como ela. Não, era outra pessoa e não Deencia.

– Quem é você? – perguntou, à medida que a visão foi ficando mais clara, radiante como a beleza da santidade e do amor. Então disse bem alto para que aquela pessoa misteriosa ouvisse:

– Eu conheço você, e não conheço você. Quero dizer, você me parece bastante familiar; sinto que você não apenas me ama, como também sempre me amou, ainda assim eu não conheço você. Não sei qual o seu nome.

Quando ela disse "Eu conheço você", a pessoa permaneceu parada e quieta. Quando ela disse "Eu não conheço você", mexeu-se de forma agitada. Então enquanto ela repetia, sem parar, "eu conheço você, eu conheço você", aquela pessoa ficava parada. "Quem é você?" Seria o pedido do seu coração, e a sua alma estaria em um profundo estado de oração que aquela imagem celestial poderia ter se revelado e ficado com ela? Depois de um tempo, após curvar tanto o corpo como a alma com a intensidade de seu desejo, até o limite de sua respiração e de sua força, e quando não mais conseguia manter a sua posição, veio-lhe uma resposta dizendo claramente:

– É Jesus.

– Sim – ela respondeu. – É Jesus.

por OLIVE GILBERT

Antes desses exercícios mentais, ela ouvira sobre Jesus por escrito ou porque alguém havia falado Dele, mas, pelo que tinha ouvido falar, jamais imaginou que ele fosse como um homem qualquer, como um Washington ou Lafayette. Ele lhe aparecera como uma visão tão leve, tão bom e tão gentil, e a amava muito! Era estranho que ele sempre a tivesse amado, mesmo sem ela nunca ter ouvido falar dele! E que bênção ele lhe conferira, a de ser uma ponte entre ela e Deus! E Deus já não era sinônimo de medo para ela.

Ela não quis insistir no ponto, mesmo estando na sua cabeça, se ele a havia reconciliado com Deus, ou se Deus havia se reconciliado com ela (apesar de acreditar mais na primeira opção), mas estava muito feliz que Deus já não era para ela um fogo ardente, e Jesus era amoroso. Seu coração agora estava cheio de alegria e felicidade, diferentemente do terror e do desespero que sentia antes. Com a sua felicidade, o mundo lhe parecia ter uma nova beleza, o ar parecia brilhar como diamantes, e cheirava como o céu devia cheirar. Ela contemplou as barreiras inalcançáveis que existiam entre ela e o Todo Poderoso deste mundo, de acordo com o que o mundo define como grandeza, e fez comparações surpreendentes entre eles, e a união existente entre ela e Jesus – Jesus, o transcendentalmente amoroso, e por igual grande e poderoso; como lhe parecia ser para ela, apesar de parecer humano; e ela viu a sua aparência física, sentindo que o conheceria se o visse; e quando ele veio, ela se aproximou e conversou com ele como se ele fosse um velho amigo.

Ela não conseguia enxergar que ele amasse mais ninguém e pensou que se os demais o conheciam e amavam, assim como ela, talvez ela fosse deixada de lado e esquecida, sendo uma pobre escrava ignorante, sem muito que oferecer-lhe. E, quando ela ouviu ele falando, pensou:

"O quê? Outros conhecem Jesus! Eu pensei que ninguém o conhecesse, só eu!"

E sentiu uma ponta de inveja, como se alguém lhe tivesse roubado um tesouro que ela havia acabado de descobrir.

Isabella se lembrou que um dia havia ouvido dizer, quando ouvira uma leitura, que Jesus havia sido casado, e rispidamente lhe perguntou se ele tinha uma esposa.

"O quê?!" – dirá o leitor.

– Deus tem uma esposa? Jesus é Deus? – perguntou Isabella.

– Sim, pode ter certeza que é – foi a resposta.

A partir daquele momento, sua concepção de Jesus se elevou e ficou mais espiritual; e às vezes conversava com ele como conversava com Deus, de acordo com o que havia aprendido.

Mas quando lhe fora dito que o mundo cristão se dividia na natureza de Cristo, alguns acreditavam que ele era igual ao Pai-Deus em e de si mesmo, Deus do próprio Deus; alguns, que ele era o bem-amado, o gerado Filho de Deus; e outros que ele é, ou era, um simples mortal, ela disse:

– Eu só sei o que vi. Eu não o vi como Deus; além disso, como ele poderia ficar entre mim e Deus? Eu o vi como um amigo, parado entre mim e Deus, através de quem o amor fluía como se viesse de uma fonte.

Agora, expressando a sua visão sobre a personagem de Cristo e de acordo com qualquer sistema de teologia existente, ela diz que acredita que Jesus seja o mesmo espírito que habitava os nossos primeiros pais, Adão e Eva, no início, quando foram criados pelo Criador. Quando eles cometeram o pecado da desobediência, seu espírito puro os abandonou e foi para o céu; e lá permaneceu até voltar novamente na pessoa de Jesus; e que, antes de uma união pessoal com ele, o homem é bruto, e possui somente o espírito de um animal.

Ela declarou que, nas suas horas mais difíceis, não tinha medo de nenhum inferno, já que nada era pior que aquele em que ela já vivia; apesar de ele nunca ter sido descrito a ela em cores tão profundas e a ameaçado como sendo a consequência de suas más ações. Sua vileza e a santidade de Deus e toda a Sua presença, que a preenchia por completo, e a ameaçava constantemente com a aniquilação, compunham

por Olive Gilbert

o peso de sua visão de terror. Sua fé na oração é igual a sua fé no amor de Jesus. Seu lema é: "Deixe os demais dizerem o que quiserem sobre a eficiência da oração, eu acredito nela, e vou rezar. Graças a Deus! Sim, eu sempre vou rezar", exclamou, unindo as suas mãos com o maior dos entusiasmos.

Tempos depois da sua feliz mudança, nós conversamos, as orações de Isabella mudaram muito o seu jeito de ser; e, enquanto, em profunda aflição, ela lutava pela recuperação de seu filho, rezava com constância e fervor; podemos confirmar esse fato através da seguinte frase que ela proferiu:

– Ah, Deus, o Senhor sabe quanto estou nervosa, eu sempre lhe digo isso. Agora, Deus, me ajude a recuperar o meu filho. Se o Senhor estivesse em problemas, como eu estou, e eu pudesse ajudá-Lo, assim como o Senhor pode, acha que eu não o faria? Sim, Deus, o Senhor sabe que eu o faria.

"Ah, Deus, o Senhor sabe que eu não tenho dinheiro, porém pode me ajudar fazendo com que as pessoas me deem, e deve fazer as pessoas fazerem isso por mim. Eu não vou descansar enquanto não fizer isso, Deus.

"Ah, Deus, faça com que as pessoas me ouçam, não permita que elas me deem as costas sem me ouvir e me ajudar."

E ela não tem a menor dúvida de que Deus a ouvira e amolecera o coração das pessoas que a ajudaram. Escrivães, advogados, juízes e demais, entre os quais e ela lhe parecia haver uma distância quase infinita, e eles a ouviram pacientemente e prestaram atenção ao que ela lhes dissera, fazendo com que tivesse a ajuda de que tanto precisava. O vazio nos olhos daqueles contra quem ela lutou pelos seus direitos às vezes lhe pesava, porém nada destruiria a sua confiança no braço que ela acreditava ser mais forte que todos os demais juntos e que não destruiria o seu espírito.

– Ah! Como eu senti pouco – ela repetia, com ênfase. – O Senhor nem imagina, se pudesse ter me visto, na minha ignorância e miséria,

A HISTÓRIA DE SOJOURNER TRUTH, A ESCRAVA DO NORTE

correndo pelas ruas, malvestida, descalça e com a cabeça descoberta! Ah, Deus, só Ele poderia ter feito aquelas pessoas me ouvir; e Ele o fez ao ouvir as minhas preces.

E essa confiança perfeita, baseada na rocha da divindade, era uma fortaleza que protegia a alma, que, erguendo-a acima do medo, e protegendo-a das maquinações do inimigo, a impelia a continuar lutando, até o inimigo ser aniquilado e a vitória ser alcançada.

Já vimos Isabella, a sua filha mais nova, e seu único filho, pelo menos, livres. Já foi dito que a liberdade dos negros mais livres deste país é nominal; porém, limitada, mas no mínimo é uma imensa ajuda contra a escravidão. Esse fato ainda é discutido, eu sei; mas não confio na honestidade desses questionamentos. Se forem sinceros, aplaudo não o julgamento que assim os decide.

Seu marido, já bastante velho, e de saúde frágil, seria emancipado, assim como vários escravos do Estado, de acordo com a lei, no próximo verão, em 4 de julho de 1828.

Alguns anos depois, ele pôde ganhar a sua pobre vida, e, quando não conseguiu se cuidar, começou a depender do mundo frio da caridade, e morreu em um abrigo. Isabella tinha a si mesma e dois filhos para sustentar; o salário era insignificante, já que naquela época as mulheres recebiam um pequeno adiantamento de nada, e ela mal sabia fazer alguma conta, pois os escravos não tinham autorização para fazer nenhum tipo de cálculo sozinhos, ou até mesmo ter a menor ideia de tempo, ou, na verdade, sobre qualquer coisa no universo. Consequentemente, o uso prudente do dinheiro não fazia sentido, e economizar era apenas uma palavra sem sentido. É claro, ela não podia construir um lar com aquelas pessoas de coração de pedra a quem ela chamava de família, já que elas gradualmente foram se libertando das correntes; um lar, onde ela poderia cultivar o seu afeto, administrar os seus desejos e incutir os princípios da virtude na mente aberta de seus filhos, e aquele amor pela pureza, pela verdade e pela benevolência, que para sempre deve formar

por Olive Gilbert

a base de uma vida de valor e de felicidade. Não, tudo isso estava muito além de seu alcance, isso era fato; e deveria ser levado em conta, sempre que uma comparação fosse feita entre o progresso feito pelos seus filhos no que se refere à virtude e à bondade e o progresso daqueles que foram criados em um lar aconchegante, onde as boas influências abundam e as más são com cuidado excluídas, onde linha após linha e preceito após preceito são diariamente trazidos como tarefas cotidianas, e onde, em suma, são usados na prática, algo que os pais abnegados podem trazer para realizar o maior sonho da vida de um pai, a promoção do bem--estar de seus filhos. Mas Deus o livre que essa sugestão se desviasse do propósito original e acabasse protegendo qualquer um do castigo merecido! Os filhos de Isabella agora são um pouco maiores e distinguem o bem do mal e podem facilmente se informar sobre qualquer coisa de que tenham alguma dúvida. E se agora sofrem por se verem levados pela tentação aos caminhos do destruidor, ou se esquecem os ensinamentos de sua mãe que fez e sofreu por eles, e que, agora que está um pouco mais velha, e sente a sua saúde e força diminuírem, voltará os seus olhos esperançosos para eles em busca de ajuda e conforto, de forma instintiva, assim como um filho volta seus olhos confiantes à sua amada mãe, quando em busca de ajuda ou carinho (já que agora é a vez deles de trabalhar, e de carregar o fardo da vida, é assim que a roda da vida gira), se, eu digo, eles esquecerem disso, seu dever e a sua felicidade, e seguirem o caminho do pecado e da maldade, deverão perder o respeito dos sábios e dos bons, e descobrir, quando for tarde demais, que o caminho do transgressor é árduo.

Novos aprendizados

O leitor vai perdoar este breve sermão enquanto voltamos à nossa história.

Estávamos falando sobre os sonhos de Isabella e de seu marido, o plano que haviam traçado sobre o que fariam, e sobre o conforto que pensavam que teriam quando conquistassem a sua liberdade, e uma pequena casa, que se esvaíam no ar pela demora de sua liberdade. Essas esperanças nunca se concretizaram e alguns outros aprendizados começaram a se formar diante de seus olhos. Esses eram os aprendizados dilacerantes relacionados aos cuidados com os seus filhos, espalhados e expostos às tentações do inimigo, com poucos, se houvessem, princípios que pudessem ajudá-los.

– Ah – disse ela. – Como poderia saber qual seria a melhor maneira de ensiná-los e aconselhá-los?! Ainda assim, fiz o melhor que pude quando estava com eles. Levei-os às reuniões religiosas; conversava e rezava com eles; quando eles faziam alguma coisa errada, eu os castigava e açoitava.

Isabella e seu filho haviam sido libertos há cerca de um ano, quando foram morar em Nova Iorque; um lugar que ela, sem dúvida, teria

por Olive Gilbert

evitado, caso soubesse o que a aguardava lá; pois essa visão do futuro teria lhe ensinado o que ela só aprendeu com a dor, que as influências nefastas que haviam nessa cidade não seriam de ajuda na educação, na continuidade da educação de seus filhos.

Seu filho Peter tinha, nessa época, ficado exposto às tentações desse lugar, desprotegido como era, salvo o braço forte de sua mãe, sendo ela própria uma empregada lá. Ele estava crescendo e seria um rapaz alto, bem formado e ativo, de percepções rápidas, leve e alegre, e, com todas essas qualidades, a vida lhe sorriria, mas tinha pouca força contra as tentações e uma engenhosidade que o empurrava a trilhar o melhor caminho de acordo com seus planos, que iam do lado oposto a tudo o que ele sabia que nem a mãe nem os amigos aprovariam.

Como já deve imaginar, logo ele seria levado ao círculo de pessoas que não melhorariam nem seus hábitos nem a sua moral.

Dois anos se passaram antes que Isabella descobrisse o caráter de Peter Williams, como era conhecido. Isabella sentia um orgulho pela aparência promissora de seu único filho. Mas infelizmente esse orgulho e essa satisfação se dissiparam rapidamente quando alguns fatos estarrecedores sobre ele começaram a vir à tona e a deixaram em choque. Uma amiga de Isabella, uma senhora encantada pelo bom humor, pela ingenuidade e pelas confissões de Peter, quando levado para um canto, e quem, ela dissera, era tão inteligente que merecia ter uma boa educação mais que qualquer outro, pagou dez dólares mensais para ele estudar em uma escola de navegação. Mas Peter, pouco inclinado a passar horas estudando quando poderia estar desfrutando o dinheiro em festas ou outras coisas com seus amigos, sempre dava desculpas à professora, que acreditava serem genuínas. Enquanto isso, a sua mãe e a amiga acreditavam que ele estava indo bem na escola, mas, na verdade, para a sua tristeza, ele apenas melhorava a frequência em outro tipo de lugar, um lugar com princípios totalmente opostos aos da mãe. Elas também procuraram um excelente emprego para ele como cocheiro.

A HISTÓRIA DE SOJOURNER TRUTH, A ESCRAVA DO NORTE

Porém, como queria dinheiro, ele vendeu o uniforme e demais objetos pertencentes ao seu dono, que, tendo um certo carinho por ele, considerou a sua juventude e o ajudou a fugir da lei, que viria para cima dele com tudo. Ainda assim, Peter continuou abusando de seus privilégios, envolvendo-se em diversos problemas, dos quais a sua mãe quase sempre o livrava. Toda vez, ela falava muito, e explicava e voltava a dizer tudo; e ele, de todo coração, abria a alma para ela, dizendo-lhe que nunca havia sido a intenção de fazer algum mal, dizia que havia sido levado a fazer o que fez, pouco a pouco, até ser tarde demais, e dizia como havia tentado ser bom, e como se sentia ao saber que havia sido mau. Na verdade, ele nunca soube o mal que fazia.

Isabella, começando a sentir que a cidade não era lugar para ele, queria que ele fosse para o mar. Teria ela mesmo feito ele embarcar, porém Peter não estava disposto a fazer aquilo, já que a cidade e os seus prazeres estavam em suas mãos. A mãe agora se tornara presa de medos terríveis, sempre pensando que algum dia poderia receber a notícia de um crime terrível cometido por seu filho ou contra ele. Ela agradeceu ao Senhor por poupá-la daquela grande tristeza, já que todos os seus delitos nunca foram tão graves, aos olhos da lei. Mas, como não conseguia ver nenhuma melhora em Peter, como último recurso ela resolveu deixá-lo, por um tempo, sem ajuda, para que ele pudesse sofrer as consequências de seus atos e ver qual seria o efeito que aquilo teria nele. A partir do momento que tomou a decisão, permaneceu firme e não voltou atrás. Peter novamente caiu nas mãos da polícia e foi enviado para a sua mãe, como de costume; mas ela não o ajudou. Em desespero, foi em busca de Peter Williams, um barbeiro negro respeitável, cujo nome ele vinha usando e quem, às vezes, ajudava pequenos delinquentes a resolver seus problemas e os enviava para longe dos perigos da cidade, embarcando-os em navios baleeiros.

A curiosidade desse homem fora despertada pelo delinquente que usava o seu nome. Ele foi até procurar saber sobre o seu caso, mas não acreditou no que Peter lhe contara a respeito de sua mãe e de sua família.

por Olive Gilbert

Ainda assim, ele o perdoou, e Peter prometeu sair de Nova Iorque em um navio que iria zarpar durante a semana. Foi ao encontro da mãe e lhe disse o que havia acontecido. Ela ouviu incrédula, estática. Ele lhe pediu para ir com ele para ver por si própria.

Ela foi, ainda sem dar crédito à sua história, até se vir na presença do senhor Williams e ouvi-lo dizer:

– Estou muito feliz por ter ajudado o seu filho; ele precisava de ajuda e carinho; porém, não podia imaginar que tivesse uma mãe como a senhora, apesar de me assegurar que sim.

O grande problema de Isabella era agora o medo de que o seu filho enganasse o seu benfeitor, e desaparecesse quando o navio zarpasse; mas ele lhe implorou para que ela confiasse nele, disse que estava decidido a fazer o melhor, e prometeu que se emendaria. O coração de Isabella não lhe deu paz até a hora de o navio zarpar, quando Peter enviou o senhor Williams e outro mensageiro que ela conhecia para lhe dizerem que ele havia zarpado. Mas, durante um mês, ela ficava olhando para toda parte para ver se o veria aparecendo em algum lugar da cidade e diante dela; ela tinha tanto medo que ele estivesse mentindo e fazendo coisas erradas. Mas ele não apareceu, e chegou o momento em que ela realmente acreditou que o filho havia ido embora. Ele foi embora no verão de 1839, e seus amigos não souberam mais dele até a sua mãe receber a seguinte carta, datada de 17 de outubro de 1840.

"MINHA QUERIDA E AMADA MÃE

Aproveito esta oportunidade para lhe escrever e informá-la que estou bem e espero que também esteja bem. Estou a bordo do mesmo navio infeliz *Done,* de Nantucket. Sinto muito em lhe contar que fui severamente punido por proteger meus colegas. Temos tido azar, mas esperamos ficar melhor. Estamos em duzentos e trinta a bordo, mas esperamos, com sorte, que meus pais me recebam de braços abertos. Gostaria de saber como estão

A HISTÓRIA DE SOJOURNER TRUTH, A ESCRAVA DO NORTE

minhas irmãs. Meus primos ainda moram em Nova Iorque? Recebeu a minha carta? Se não, peça ao senhor Pierce Whiting. Gostaria que me escrevesse uma resposta assim que possível. Sou seu único filho, que está longe de casa, no vasto oceano salgado. Jamais pensei em ver tanto do mundo quanto tenho visto e, se eu voltar em segurança para casa, lhe contarei todos os meus problemas e dificuldades. Mãe, espero que não me esqueça, seu querido e único filho. Gostaria de saber sobre a Sophia, sobre a Betsey e sobre a Hannah. Espero que todas me perdoem por tudo o que fiz. Seu filho, PETER VAN WAGENER."

Outra carta lê-se a seguir, datada de 22 de março de 1841.

"MINHA QUERIDA MÃE

Aproveito esta oportunidade para lhe escrever e informá-la que estou bem e gozando de boa saúde. Eu lhe escrevi uma carta antes, mas não recebi uma resposta da senhora, e quero muito revê-la. Espero vê-la em breve. Tenho tido muito azar, mas espero que as coisas melhorem com o tempo. Espero que minhas irmãs estejam bem, assim como todos no bairro. Espero voltar para casa em vinte e dois meses ou por aí. Encontrei com Samuel Laterett. Cuidado! Tenho péssimas notícias para lhe contar, Peter Jackson morreu. Ele morreu dois dias depois da saída de Otaheite, uma das Ilhas da Sociedade. O Peter Jackson que morava em Laterett; ele morreu a bordo do navio *Done*, de Nantucket, Captain Miller, na latitude 15 53, e longitude 148 30 O. Não há mais nada para contar, mas escreva assim que puder.

Seu filho único,
PETER VAN WAGENER"

Outra, contendo as últimas novidades sobre o seu filho, lê-se a seguir, e está datada de 19 de setembro de 1841.

por Olive Gilbert

"QUERIDA MÃE

Aproveito esta oportunidade para lhe escrever e informá-la que estou bem e gozando de boa saúde, e espero que também esteja bem. Esta é a quinta carta que lhe escrevo, e ainda não recebi nenhuma resposta, isso me deixa preocupado. Apresse-se em me escrever e diga-me como estão todos por aí. Já estamos longe de casa há vinte e três meses, e esperamos voltar em quinze. Não tenho muito que dizer; mas diga-me se tem estado bem ou não. Gostaria de saber como está o clima em casa. Tivemos muito azar quando desembarcamos pela primeira vez, porém, desde então só temos tido boa sorte; então, espero que tudo permaneça como está; mas, se as coisas não derem certo, não me espere em cinco anos. Portanto, escreva quanto antes, por favor. Bom, fico por aqui nesta carta. Aviso: quando ler esta parte, lembre-se de mim, e pense em mim.

Leve-me para casa que fica no Oeste tão distante, às paisagens da minha infância que eu gosto tanto; onde os altos cedros crescem, e as águas brilhantes fluem, onde meus pais vão me receber, homem branco, deixe-me ir! Deixe-me ir até o lugar onde as cataratas caem, onde eu costumava brincar quando era menino. E tem a minha pobre mãe, cujo coração pula freneticamente quando vê o seu pobre filho, deixe-me ir até ela, deixe-me ir!

Seu filho único,

PETER VAN WAGENER"

Desde a data da última carta, Isabella não teve mais notícias de seu filho há tanto tempo ausente, apesar de seu coração de mãe ardentemente desejar notícias dele, e sempre com seus pensamentos nele durante essa jornada perigos, ela pensava: "Agora ele está bem, não tenho dúvidas; tenho certeza de que ele tem perseverado, e que tem mantido a sua palavra; ele parecia tão diferente antes de ir, tão determinado a melhorar".

Suas cartas estão transcritas aqui para não se perderem, caso elas sejam as últimas notícias que ela tenha dele.

Descobrindo um irmão e uma irmã

Quando Isabella conseguiu a liberdade de seu filho, ficou em Kingston, onde fora inserida no processo judicial por cerca de um ano. Durante esse tempo, ela se tornou membro da Igreja Metodista de lá; e quando foi para Nova Iorque, ela levou uma missiva daquela igreja para a Igreja Metodista da rua John. Depois disso, retirou-se da igreja e se uniu à Igreja de Zion na rua Church, composta somente por pessoas negras. Ela ficou nessa última igreja até ir morar com o senhor Pierson, depois disso, gradualmente, ela foi levada até o "reino" determinado pelo profeta Matthias, em nome de Deus Pai; já que ele dizia que o espírito de Deus Pai habitava nele.

Enquanto Isabella esteve em Nova Iorque, sua irmã Sophia veio de Newburg para morar na antiga casa. Isabella teve a sorte de se encontrar algumas vezes com essa irmã, apesar de ter perdido o contato com ela durante dezessete anos, quase o tempo em que permaneceu com o senhor Dumont, e, quando voltaram a se ver, ela estava muito bem-vestida. A princípio não a reconheceu, até ser informada que se

por Olive Gilbert

tratava dela. Sophia lhe disse que seu irmão, Michael, que ela não conhecia, estava na cidade; e quando ela o apresentou para Isabella, ele lhe disse que a irmã deles, Nancy, que estava morando na cidade, havia morrido alguns meses antes. Ele a descreveu, sua roupa, seu jeito, e disse que ela havia sido membro da Igreja de Zion durante um tempo, falando o grau ao qual ela pertencia. Isabella a reconheceu quase que instantaneamente como uma das irmãs da igreja, com quem havia se ajoelhado no altar e com quem havia trocado a conversa pela pressão da mão, como reconhecimento de sua irmandade espiritual, sem nem imaginar, na época, que fossem filhas dos mesmos pais na terra: Bomefree e Mau-Mau Bett. À medida que as perguntas e respostas iam acontecendo, ela teve certeza de que aquela mulher era a sua irmã, a mesma irmã de quem sempre ouvia falar, mas nunca havia visto (já que ela era a irmã que fora trancada em uma jaula quando foi levada embora e nunca mais viu o rosto de sua mãe nesta vida, e Michael, o narrador, foi o irmão que compartilhou o seu destino). Isabella pensou: "Nossa! Ela estava aqui; nos conhecemos; e senti o toque de sua mão, a mão ossuda parecida com a minha e, ainda assim, não a reconheci como minha irmã; e agora consigo ver que ela se parecia muito com a minha mãe". E Isabella chorou, e não estava sozinha; Sophia chorou, e aquele homem forte, Michael, mesclou as suas lágrimas às delas.

– Ah, Deus – perguntou Isabella – que escravidão é essa que faz todas essas coisas ruins? Quantas coisas horríveis mais pode fazer?

Bem, ela podia fazer essa pergunta sobre o mal que a escravidão, com certeza, fazia, diariamente e a todo instante, mas nunca saberíamos ao certo até vermos os registros de todos os casos, sem erros e todos os cálculos corretos. O resultado, que agora não tem uma estimativa correta, pois varia muito ainda, será visto por todos no futuro. Pense, caro leitor, que quando o dia chegar o "abolicionista oportunista" dirá:

A HISTÓRIA DE SOJOURNER TRUTH, A ESCRAVA DO NORTE

– Como assim? Eu vivi enquanto tudo isso acontecia?

Não seria melhor que ele dissesse:

– Ah, quem criou a extensão e a profundidade dessa malária moral, essa peste negra?

Talvez os pioneiros simpatizantes da causa abolicionista sejam tão surpreendidos quanto qualquer pessoa ao descobrirem que, apesar de prestarem tanta atenção nisso, não teriam visto tudo.

Rabiscos

Muitas coisas ruins ocorreram na vida de Isabella durante o seu tempo de escrava, que ela não quer publicar por diversos motivos. Primeiro, porque as pessoas em cujas mãos ela sofreu responderam pelos seus crimes em um tribunal, e somente os seus amigos inocentes estão vivos, e ela não quer ferir seus sentimentos; segundo, porque nem tudo deve vir a público, justamente pela natureza das situações; terceiro, e não menos importante, porque, diz ela, quem é ela para contar tudo o que aconteceu com ela como escrava? Tudo o que ela sabe é a verdade de Deus. Poderia parecer para algumas pessoas, principalmente para os leigos, tão irresponsável, tão irracional, e o que normalmente é chamado de artificial (apesar de que se poderia perguntar se as pessoas não agem sempre naturalmente), que eles poderiam não acreditar.

– Ah, não! – disse ela. – Eles me chamariam de mentirosa! Com certeza! E eu não quero dizer nada que possa destruir o meu próprio caráter, mesmo em nome da verdade, mesmo que o que eu dissesse fosse a verdade.

A HISTÓRIA DE SOJOURNER TRUTH, A ESCRAVA DO NORTE

Algumas coisas foram omitidas por esquecimento, que acabaram não mencionadas por estarem fora de ordem, e podem ser tratadas brevemente aqui, como o fato de seu pai, Bomefree, ter tido duas esposas antes de se casar com Mau-Mau Bett; uma delas, se não ambas, foi separada dele pela mão de ferro do traficante de carne humana; e seu marido, Thomas, depois de ter tido uma de suas esposas vendida para longe dele, fugiu para Nova Iorque, onde ficou por um ano ou dois, antes de ser descoberto e levado de volta para a casa à qual pertencia, e que seu dono, o senhor Dumont, quando prometera a Isabella libertá--la um ano antes de o Estado torná-la livre, fizera a mesma promessa a seu marido, e, além da liberdade, lhes fora prometido uma cabana para que pudessem viver lá. Tudo isso, com os mil e um sonhos que vieram daquela promessa, foi para o mesmo lugar que todas as promessas e as esperanças vazias vão. Isabella sempre ouvira o seu pai contar uma história emocionante de um pequeno escravo, criança, que, porque incomodava a família com seu choro, fora pego por um homem branco e teve sua cabeça destruída pelos golpes dados contra a parede. Um índio (havia muitos índios na região naquela época) estava passando por ali ao mesmo tempo que a mãe enlutada lavava o corpo do filho assassinado, e, quando soube da causa da morte, disse, veementemente, que se estivesse lá, teria enfiado a machadinha na cabeça dele! Falava do assassino.

Sobre a crueldade de um Hasbrouck: ele tinha uma escrava doente, que continuava viva apesar das adversidades, e a que ele havia feito tecer, apesar de sua fraqueza e sofrimento. Essa mulher teve um filho que não podia caminhar nem falar. Aos 5 anos, não conseguia nem chorar como as demais crianças, porém fazia um barulho estridente. Essa demonstração de incapacidade e imbecilidade, em vez de despertar a compaixão do dono, despertara a sua estupidez, e, portanto, o enfureceu a tal ponto de fazê-lo chutar a cabeça da pobre criança como se fosse uma bola.

por Olive Gilbert

O informante de Isabella já conhecia esse monstro. Quando a criança estava debaixo da cadeira brincando inocentemente com alguns gravetos, foi arrastada pelo homem que começou a atormentá-la com um imenso prazer no olhar. Ele lhe deu um chute que a fez rolar pela escada. Ah, como ela queria que ele tivesse morrido instantaneamente! Mas ela disse que ele era forte como um mocassim. Ele acabou morrendo no final, o que deixou o povo aliviado, e seu assassino, sem dúvida, muito feliz, mas por outros motivos. Mas o dia em que teria que pagar não estava longe, pois ele adoeceu e perdeu o juízo. Foi assustador ouvir a sua antiga escrava contar como, naquele dia, ela havia cuidado dele.

Ela era muito forte, e, portanto, fora escolhida para ajudar o seu dono a se sentar na cama, colocando seus braços ao redor dele, enquanto ela ficava de pé atrás dele. Foi naquela ocasião que ela fez o melhor para pôr em prática a sua vingança contra ele. Ela agarrou o seu corpo frágil com a sua mão forte e o apertou; e, quando a sua dona não estava vendo, o apertou mais ainda, o chacoalhou e o ergueu, em seguida o soltou mais bruscamente que pôde. Quando ele estava com dificuldade para respirar e sua dona dizia à escrava: "Cuidado, não o machuque, Soan!", sua resposta sempre era: "Ah, não, senhora, não", em um tom bem calmo, e, em seguida, assim que os olhos e os ouvidos da senhora se afastavam, mais um chacoalhão e mais um movimento brusco. Ela tinha medo que a doença regredisse, algo que ela temia mais do que qualquer coisa. Isabella lhe perguntava se ela não tinha medo que ele a assombrasse depois.

– Ah não – disse Soan. – Ele era tão mau que o diabo jamais o deixaria sair do inferno e, portanto, ele não iria poder fazer isso.

Muitos senhores de escravos se gabam do amor de seus escravos. Mas o sangue deles esfriaria se soubessem o tipo de amor que os seus escravos sentiam por eles! Por exemplo, a tentativa de envenenamento da senhora Calhoun e centenas de casos similares. O que mais surpreendia

A HISTÓRIA DE SOJOURNER TRUTH, A ESCRAVA DO NORTE

todo mundo é que esses crimes eram cometidos por escravos que, supostamente, eram muito gratos aos seus senhores.

Essas reflexões trazem à tona a discussão sobre essa questão entre o escritor e um amigo senhor de escravos no Kentucky na manhã de Natal de 1846. Nós sabíamos que, até a humanidade avançar bastante em comparação com o que era, o poder irresponsável sobre outros seres humanos seria, de fato, levado a extremos. Nosso amigo declarou ter certeza de que as crueldades da escravidão existiam, sobretudo na imaginação, e que ninguém no condado onde estávamos tratava mal os seus escravos. Nós respondemos que se a sua crença fosse bem fundamentada, as pessoas no Kentucky seriam muito melhores que as pessoas da Nova Inglaterra, já que não ousaríamos dizer o mesmo de qualquer lugar lá, muito menos sobre os condados. Não, não responderíamos por nossos próprios comportamentos mesmo se tratando de um tema tão delicado.

No dia seguinte, ele próprio, magnificamente, voltou atrás e apoiou a nossa causa, nos informando que, durante aquela manhã, e muito perto dali, na mesma hora em que discutíamos as probabilidades dessas situações, uma jovem bonita e da alta sociedade, o orgulho de seu marido e mãe de uma bebê, a apenas alguns quilômetros de nós, também no condado, havia surrado uma escrava chamada Tabby até quebrar o seu crânio; e, não contente com isso, a havia amarrado e açoitado depois, e ela morrera atada ao estrado onde tinha sido amarrada. Quando foi informada sobre a morte de Tabby, ela respondeu que ficava feliz com isso, pois aquilo tudo tinha acabado com a paciência dela. Porém, provavelmente o final de Tabby pelas mãos da senhora M. não era aquele, já que ninguém acreditava que ela quisesse ter matado a escrava. Tabby era considerada um tanto sem noção e, sem dúvida, pertencia àquele tipo do Sul, que são bobos o suficiente a ponto de morrer apenas por uma leve correção.

Uma turba cercou a casa durante uma ou duas horas, demonstrando indignação. Mas ela fora tratada como assassina? De jeito nenhum!

por Olive Gilbert

Ela pôde sair para andar de barco (já que morava perto do lindo Rio Ohio) naquela tarde, passar alguns meses com seus amigos de longa data, e depois retornou e ficou com o seu marido, ninguém a incomodou ou a aterrorizou.

Se ela tivesse sido punida pela própria consciência, e pelos motivos certos, eu teria ficado muito feliz. Mas ver a vida de uma mulher assassina comparada à vida de três milhões de escravos inocentes e contrastar o seu castigo com o que eu senti que deveria ser o castigo de alguém que apenas suspeitava ser um ser humano, apesar da cor ou das condições, fez o meu sangue ferver dentro de mim, e o meu coração dói só de imaginar. O marido da senhora M. não estava em casa quando tudo aconteceu; e, quando ele chegou, algumas semanas mais tarde, trazendo lindos presentes para a sua bela companheira, encontrou o seu lar vazio, Tabby assassinada e enterrada no jardim e a sua esposa e mãe de sua filha, a agente daquela ação, uma assassina!

Quando Isabella foi para Nova Iorque, ela foi com a senhora Grear, que a apresentou à família do senhor James Latourette, um rico comerciante e também metodista que na velhice sentiu estar muito avançado em seu conhecimento sobre Deus e organizava reuniões em sua própria casa durante muitos anos até a sua morte. Ela trabalhou para eles e eles, de forma generosa, lhe deram um lar enquanto ela trabalhava para outras pessoas, e, como eram muito gentis, a tratavam como se ela fosse da família.

Naquela época, o movimento de "reforma moral" estava começando a chamar atenção das pessoas de bem que viviam na cidade. Muitas mulheres, entre elas a senhora Latourette e a senhora Grear, se interessaram profundamente em tentar recuperar as suas irmãs que saíram do caminho, até mesmo a mais degradada delas. Nessa iniciativa se encontrava Isabella e outras que, durante um tempo, haviam se esforçado bastante e realizado o trabalho dos missionários com relativo sucesso. Isabella acompanhava essas senhoras aos locais mais remotos e miseráveis e, às

A HISTÓRIA DE SOJOURNER TRUTH, A ESCRAVA DO NORTE

vezes, ela ia onde elas não tinham coragem de segui-la. Com isso conseguiram até mesmo realizar encontros de oração bem-sucedidos em diversos lugares onde esse tipo de coisa não acontecia.

Essas reuniões, porém, logo se tornaram mais barulhentas, com gritos e discursos inflamados, nos quais as pessoas começavam a delirar e depois caíam exaustas por causa de toda aquela ação. Isabella não gostava muito desses encontros. Mas um dia ela foi a um deles onde os membros, em êxtase, pularam sobre ela e a arrastaram pelo chão. Em seguida, pensando que ela havia entrado em um transe espiritual, aumentaram os cantos em cima dela, pulando, gritando, batendo o pé e as mãos, exultantes pelo seu espírito, sem se preocuparem com o seu corpo. Ela sofreu muito, tanto de medo quanto com machucados. Depois disso, negou-se a aparecer de novo em um desses encontros, duvidando que Deus tivesse alguma coisa a ver com esse tipo de adoração.

A ilusão de Matthias

Agora entramos em um período conturbado na vida de Isabella, identificado como um dos mais extraordinariamente religiosos dos tempos modernos; mas os limites prescritos para o trabalho atual proíbem uma narração curta sobre tudo o que aconteceu nesse sentido.

Após ter se unido à Igreja Africana na rua Church, e durante a sua adesão, ela frequentemente ia aos encontros do senhor Latourette. Em um deles, o senhor Smith a convidou para ir ao encontro de oração, ou para ensinar as meninas no Asilo Magdalene, em Bowery Hill, com a proteção do senhor Pierson e de algumas outras pessoas, mulheres respeitáveis da comunidade. Para chegar ao asilo, Isabella havia chamado Katy, a empregada negra do senhor Pierson, a quem ela conhecia um pouco. O senhor Pierson a viu lá, conversou com ela, perguntou se ela havia sido batizada e recebeu como resposta "pelo Espírito Santo". Depois disso, Isabella viu Katy muitas vezes e ocasionalmente o senhor Pierson, que a havia contratado para cuidar de sua casa enquanto Katy ia para a Virgínia para visitar seus filhos. Esse acordo fora considerado uma resposta às suas orações pelo senhor Pierson, que tinha rezado e

A HISTÓRIA DE SOJOURNER TRUTH, A ESCRAVA DO NORTE

jejuado sobre esse assunto, enquanto Katy e Isabella acreditavam ter sido a mão de Deus que havia providenciado tudo.

O senhor Pierson era conhecido pelo seu espírito devoto, que acabou se tornando fanático. Ele assumiu o título de Profeta acreditando que Deus o havia chamado em um ônibus com essas palavras: "És Elias, o tisbita. Una todos os membros de Israel aos pés do Monte Carmelo". Ele entendia que era para ele reunir os seus amigos em Bowery Hill. Pouco tempo depois, ficou amigo do famoso Matthias, cuja carreira foi tão extraordinária quanto breve. Robert Matthews ou Matthias (como costumava ser chamado) tinha sotaque escocês, mas havia nascido no Condado de Washington, Nova Iorque, e na época tinha 47 anos. Havia sido criado dentro da Igreja, em uma seita presbiteriana; o clérigo, reverendo Bevridge, visitava a sua família depois do sermão da igreja e, tendo gostado de Robert, colocou a mão sobre a sua cabeça quando menino e o abençoou, e essa bênção, com suas qualidades naturais, determinou o seu caráter; já que acreditava ser um homem especial. Matthias cresceu e se tornou um fazendeiro até quase os seus 18 anos, quando aprendeu o ofício de carpinteiro, de forma autodidata, e mostrou uma habilidade mecânica importante. Ele recebeu uma propriedade de seu tio, Robert Thompson, e, em seguida, começou a trabalhar como lojista, era respeitável, e se tornou um membro da Igreja Presbiteriana Escocesa. Casou-se em 1813 e continuou o seu negócio em Cambridge. Em 1816, perdeu tudo por conta da especulação imobiliária e da desvalorização da moeda, que acabou provocando a recusa de empréstimos, e logo depois veio para Nova Iorque com a família e trabalhou em seu próprio negócio. Mais tarde, mudou-se para Albany e se tornou o ouvinte da Igreja Reformadora Holandesa, na época, sob a responsabilidade do doutor Ludlow.

Ele sempre se interessava pelos assuntos religiosos.

Em 1829, o senhor Pierson já era bem conhecido, se não pelos sermões feitos na rua, pelas discussões calorosas, mas ele não fazia sermões

por Olive Gilbert

comuns. No início de 1830, foi considerado um entusiasta; mas no mesmo ano profetizou a destruição dos albaneses e de sua capital, e, enquanto se preparava para se barbear, com a Bíblia diante de si, de repente soltou o sabonete e exclamou:

– Eu encontrei! Encontrei um texto que prova que homem nenhum que se barbeia pode ser um verdadeiro cristão.

Pouco depois, sem se barbear, foi até a Casa da Missão para proferir um discurso que havia prometido e nele proclamaria a vingança sobre a terra cuja única lei a reger o povo e o governo seria a lei de Deus e ele teria sido ordenado a tomar o mundo em nome do Rei dos Reis. Seu sermão foi encurtado pelos administradores, que apagaram as velas. Nessa época, Matthias abriu o seu negócio e em junho pediu à sua esposa que fugisse com ele depois da destruição que os aguardava na cidade; e, quando ela se recusou, em parte porque Matthias se dizia judeu, a quem ela não aceitaria como marido, ele a deixou, levando algumas das crianças para a casa de sua irmã em Argyle, a sessenta e cinco quilômetros de Albany. Em Argyle, ele entrou na igreja e interrompeu o pastor, declarando que a congregação estava na escuridão e que todos lá deveriam se arrepender. Ele foi, é claro, retirado da igreja e apareceu nos jornais de Albany. Acabou sendo enviado de volta à sua família. Sua barba agora ganhava um tamanho respeitável, e assim chamou atenção e facilmente ganhou seguidores nas ruas. Por causa disso, foi preso algumas vezes, uma vez por engano por Adam Paine, que prendeu a multidão, e, em seguida, deixou Matthias com aquelas pessoas quando a polícia se aproximou. Ele pediu insistentemente que a sua esposa o acompanhasse em uma missão para converter o mundo, declarando que a comida poderia ser obtida através das raízes encontradas na floresta ou de outra maneira. Dessa vez ele assumiu o nome de Matthias, dizendo-se judeu, e em uma missão, indo para o oeste, visitou um irmão em Rochester, um mecânico habilidoso. Ao deixar seu irmão, continuou com a sua missão pelos Estados do Norte, e ocasionalmente voltava para Albany.

A HISTÓRIA DE SOJOURNER TRUTH, A ESCRAVA DO NORTE

Após visitar Washington e passar pela Pensilvânia, ele foi para Nova Iorque. Sua aparência, na época, era ruim, grotesca, e suas intenções, pouco conhecidas.

No dia 5 de maio de 1832, visitou o senhor Pierson pela primeira vez, na rua Fourth, em sua ausência. Isabella estava sozinha na casa onde estava morando desde o outono anterior. Ao abrir a porta, ela, pela primeira vez, viu Matthias, e a sua primeira lembrança foi de quando vira Jesus em carne e osso. Ela ouvira a sua pergunta e o convidara a entrar; e, sendo naturalmente curiosa, além de estar animada e ter uma boa dose de tato, ela começou a conversar com ele, dando as suas opiniões e ouvindo as suas respostas e explicações. Sua fé foi, em um primeiro momento, abalada quando ouviu que ele se declarara judeu; porém, depois se sentiu aliviada ao ouvi-lo dizer: "Você se lembra de como Jesus rezava?". E repetiu parte do pai-nosso, como prova de que o reino do Pai estava próximo, e não o de Seu filho. Foi aí que ela entendeu que ele havia se convertido ao judaísmo, e ao final disse que se sentia como se Deus o tivesse mandado para fundar o reino. Assim, Matthias teve a certeza da boa vontade de Isabella, e podemos supor que obteve alguma informação relacionada ao senhor Pierson, especialmente sobre a senhora Pierson, que havia dito não haver uma igreja verdadeira, e que aprovava os sermões do senhor Pierson. Matthias saiu daquela casa prometendo voltar no sábado à tarde. Até aquele momento, o senhor P. não havia se encontrado com Matthias.

Isabella, desejando ouvir a esperada conversa entre Matthias e o senhor Pierson no sábado, apressou o seu trabalho, e foi-lhe permitido estar presente. De fato, a semelhança na crença a fez se sentir mais à vontade com o seu empregador, enquanto a sua atenção ao trabalho e a fidelidade aumentavam a confiança nela. Essa intimidade, o resultado de terem a mesma fé e o princípio adotado de terem apenas uma mesa e todas as coisas em comum fizeram dela uma doméstica e uma igual, e a detentora de algumas informações muito curiosas, se não valiosas.

por Olive Gilbert

Nesse sentido, até a sua cor ajudava. As pessoas que haviam viajado para o Sul conheciam a forma como os negros, e principalmente os escravos, eram tratados; mal podiam estar presentes. Esse tipo de tratamento dentro da nossa sociedade americana era muito notado pelos viajantes estrangeiros. Uma senhora inglesa comenta que descobrira, ao longo da conversa com um cavalheiro casado do Sul, que uma garota negra dormia em seu quarto, onde também dormia a sua esposa; e quando ele percebeu a surpresa em seu olhar, ela perguntou o que ele iria fazer se quisesse um copo d'água à noite. Outros viajantes comentaram que a presença de pessoas negras parecia não interromper nenhuma conversa em momento algum. Isabella, em seguida, chegou para participar da primeira conversa entre Matthias e Pierson. O senhor Pierson perguntou a Matthias se ele tinha família e a resposta dele foi afirmativa; ele perguntou sobre a sua barba, e ele lhe deu um motivo bíblico, afirmando que os judeus também não se barbeiam e que Adão usava barba. O senhor Pierson contou a Matthias a sua experiência, e Matthias contou a dele, e ambos descobriram que sentiam o mesmo, ambos admitiram a influência direta do Espírito e a transmissão de espíritos de um corpo para o outro. Matthias admitiu o chamado do senhor Pierson, no ônibus na Wall Street. E o senhor Pierson admitiu o chamado de Matthias, que completara a sua declaração em 20 de junho, em Argyle, que, por uma curiosa coincidência, era o mesmo dia em que Pierson havia recebido o seu chamado no ônibus. Essas pequenas coincidências têm um efeito poderoso em mentes suscetíveis. A partir daquela descoberta, Pierson e Matthias ficaram felizes por terem se encontrado e se tornaram irmãos de alma. Matthias, no entanto, dizia ser o Pai, ou possuir o espírito do Pai; ele seria Deus na terra, porque o espírito de Deus habitava nele; enquanto Pierson compreendia que a sua missão era a mesma de João Batista, significado do nome Elias. A reunião acabou com um convite para jantar, e Matthias e Pierson lavando os pés um do outro. O senhor Pierson fez o sermão no domingo, mas depois decidiu deixar

A HISTÓRIA DE SOJOURNER TRUTH, A ESCRAVA DO NORTE

Matthias fazê-lo, e algumas das pessoas lá presentes acreditavam que o reino havia chegado.

Como parte do sermão de Mattthias e de seus sentimentos, o escrito a seguir também é verdadeiro:

O espírito que construiu a Torre de Babel está agora no mundo, é o espírito do demônio. O espírito do homem nunca se esconde nas nuvens; todos aqueles que pensam assim são babilônios. O único paraíso está na terra. Todos aqueles que ignoram a verdade são ninivitas. Os judeus não crucificaram Cristo, foram os gentios. Todo judeu tem o seu anjo da guarda que vela por ele neste mundo. Deus não fala através de seus pastores; Ele fala através de mim, Seu profeta.

– João Batista (falando com o senhor Pierson), leia o capítulo dez das Revelações.

Depois de ler o capítulo, o profeta continuou falando:

– O nosso é o reino da semente de mostarda que se espalha pela terra. Nossa crença é a verdade, e homem algum pode encontrar a verdade a menos que obedeça a João Batista e venha limpo para a igreja.

'Todos os homens de verdade serão salvos; todos os falsos serão condenados. Quando uma pessoa tiver o Espírito Santo, então será um homem; até lá, não. Aqueles que ensinam as mulheres são perversos. A comunhão não faz sentido; somente a oração. Comer um pedaço de pão e beber um pouco de vinho não fará nenhum bem. Para todos aqueles que admitirem membros na igreja e os obrigarem a entregar suas terras e casas, a sentença será:

"Saia daqui seu perverso, eu sei quem é você. Todas as mulheres que aprendem com os seus maridos terão a mesma sentença. Os filhos da verdade vão desfrutar de todas as coisas boas deste mundo, e devem fazer de tudo para virem para o lado do bem. Tudo que tiver o cheiro de mulher será destruído. A mulher é o cúmulo da abominação da desolação, cheia de tudo o que é mau. Em pouco tempo, o mundo vai arder e se dissolver; já está em combustão. Todas as mulheres que não forem

por Olive Gilbert

obedientes é bom que se tornem obedientes quanto antes, e deixem o espírito maligno ir embora, para se tornarem templos da verdade. A oração é falsa. Quando vir alguém torcer o pescoço de uma ave, em vez de cortar a cabeça, significa que essa pessoa não está com o Espírito Santo. (Cortar provoca menos dor.)

"Todo aquele que comer carne de porco é do mal; e tão certo quanto o que ele come é que ele contará mentiras em menos de meia hora. Caso você coma um pedaço de porco, ele descerá torto pela sua garganta, e o Espírito Santo não ficará em você, ao contrário, um de vocês deverá sair de casa muito em breve. O porco descerá tão torto quanto os chifres de um carneiro, e será tão incômodo quanto andar por uma rua cheia de porcos.

"A cólera não é a palavra certa; a palavra certa é zanga, que significa a ira de Deus. Abraão, Isaac e Jacó agora estão neste mundo; eles não subiram aos céus, como alguns acreditam, por que teriam ido para lá? Eles não querem ir para lá para ficar indo de um lado para o outro. Os cristãos atualmente querem fundar o reino do Filho. Não é dele; é o reino do Pai. Isso me faz pensar em um homem do campo que leva o seu filho para a loja e manda fazer a placa do lugar, "Hitchcock & Filho"; mas o filho queria que colocassem "Hitchcock & Pai", e é o que acontece com os cristãos. Eles falam primeiro do reino do Filho, e não do reino do Pai."

Matthias e seus discípulos, a essa altura, não acreditavam na ressurreição do corpo, mas que a alma dos antigos santos entraria nos corpos da geração atual e, assim, começaria o paraíso na terra, no qual ele e o senhor Pierson seriam os primeiros frutos.

Matthias morou na casa do senhor Pierson; mas este, nervoso por algum tipo de violência que, em casa, poderia sofrer, caso Matthias continuasse lá, propôs uma ajuda mensal para ele, e o aconselhou a procurar outro lugar para ficar. Matthias foi para uma casa na rua Clarkson, e então mandou buscar a sua família em Albany, mas eles não quiseram vir para a cidade. No entanto, seu irmão George aceitou a oferta, trazendo a família com ele, e encontraram um bom lugar para morar. Isabella foi trabalhar lá como empregada. Em maio de 1833, Matthias saiu de sua casa e colocou os móveis, parte dos quais eram de Isabella, em outro lugar, indo para um hotel na esquina das ruas Marketfield e West. Isabella arranjou emprego na casa do senhor Whiting, na rua Canal, e lavava roupa para Matthias, autorizada pela senhora Whiting.

Da subsequente retirada de Matthias para a fazenda do senhor B. Folger, em Sing, onde se reuniu com o senhor Pierson e outros que trabalhavam sob uma ilusão religiosa similar, a morte súbita, melancólica e um tanto suspeita do senhor Pierson e a prisão de Matthias sob a acusação de seu assassinato, terminando em um veredicto de inocente, a ligação criminosa que subsistiu entre Matthias, a senhora Folger e outros membros do "Reino", como "espíritos iguais", uma dispersão final dessa empresa iludida, e o exílio voluntário de Matthias no Oeste, após a sua soltura, etc., etc., nós não acreditamos ser necessário dar mais detalhes sobre o caso. Para aqueles que estão curiosos por saber do que se trata o trabalho publicado em Nova Iorque em 1835, chamado "Fanatismo; suas Fontes e Influências", ilustrado pela simples narração de Isabella, no caso de Matthias, senhor e senhora B. Folger, senhor Pierson, senhor Mills, Catharine, Isabella, etc., etc. Por G. Vale, 84 rua Roosevelt. É suficiente dizer que, enquanto Isabella pertencia à casa em Sing, trabalhando muito para se desapegar da crença mais fanática da religião, e gradualmente obtendo uma visão mais clara e a sua mente curada das ilusões, ela felizmente escapou da contaminação que a cercava, trabalhando de forma assídua para realizar os seus deveres da melhor forma possível.

Jejum

Quando Isabella morava com o senhor Pierson, ele tinha o hábito de jejuar toda sexta-feira; não comia nem bebia nada a partir do final da tarde da quinta-feira até as seis da tarde da sexta-feira.

Então, novamente, ele jejuava durante duas noites e três dias, não comia nem bebia nada; recusando-se a beber até um copo d'água até o terceiro dia à noite, quando voltava a jantar, como sempre.

Isabella perguntou-lhe o porquê do jejum. Ele respondeu que o jejum lhe dava uma maior clareza sobre as coisas de Deus; essa resposta fez nascer na pessoa que o ouvia uma linha de pensamentos:

"Bem, se jejuar clareia as ideias e o espírito, eu preciso disso tanto quanto qualquer um, então vou jejuar também. Se o senhor Pierson precisa jejuar por duas noites e três dias, então eu, que preciso de mais clareza que ele, vou jejuar mais, e jejuarei três noites e três dias."

Ela informou o dono da casa sobre sua decisão, colocando apenas uma gota de água na boca durante três dias e três noites inteiros. Na quarta manhã, quando se levantou, não tinha forças para ficar de pé e caiu no chão; mas recuperou-se bem, foi até a despensa e, sentindo-se

A HISTÓRIA DE SOJOURNER TRUTH, A ESCRAVA DO NORTE

faminta e temendo ofender a Deus pela sua fome, se contentou em comer um pedaço de pão seco e água no café da manhã, um grande pedaço de pão antes de começar a se sentir mais satisfeita. Ela disse ter conseguido sentir clareza, mas acontecera no seu corpo e não na sua mente, e essa leveza de corpo durou muito tempo. Ah! Ela estava tão leve, e se sentia tão bem, conseguia voar como uma gaivota.

O motivo de sua saída da cidade

Durante os primeiros anos de Isabella na cidade, ela conseguiu ganhar mais do que desejava e colocou tudo o que sobrava no Banco de Poupança. Depois de um tempo, enquanto morava com o senhor Pierson, ele a persuadiu a tirar tudo dali e investir em um fundo em comum em que ele estava prestes a entrar, como um fundo a ser bancado por todos os crentes; os crentes, é claro, eram o grupo que deveria acreditar na sua crença peculiar. Esse fundo, iniciado pelo senhor Pierson, se tornou mais tarde parte e lote do reino do qual Matthias assumira ser o guia; e durante o desmantelamento do reino sua pequena propriedade caíra na ruína ou enriqueceu aqueles que ganharam com a perda dos demais, se houvessem. O senhor Pierson e os demais haviam garantido a ela que o fundo iria fornecer tudo de que ela precisasse, o tempo todo, e em todas as emergências, e até o final da vida. Isso fez com que ela não se preocupasse com o assunto, não pedindo os juros ao retirar o dinheiro do banco e não contando a soma que havia colocado no fundo. Isabella recuperara alguns móveis do que restara do reino e recebeu uma pequena soma de dinheiro do senhor B. Folger, como o

A HISTÓRIA DE SOJOURNER TRUTH, A ESCRAVA DO NORTE

saldo da tentativa de condená-la por assassinato por parte da senhora Folger. Com esse dinheiro, ela começou novamente a trabalhar, na esperança de ainda ganhar o suficiente para construir a sua pequena casa para a velhice. Com esse estímulo, Isabella trabalhou duro, começando de manhã cedo e indo até tarde da noite, fazendo de tudo para ganhar o seu dinheirinho e aceitando qualquer trabalho que lhe pagasse bem. Ainda assim, ela não prosperou, e de alguma forma não conseguiu ganhar tanto dinheiro assim.

Quando isso se tornou um problema para ela, subitamente parou e, pensando em retrospecto tudo o que havia passado, se perguntou por que aquilo havia acontecido. Apesar de seu trabalho duro, ela não tinha nada; por que outros que não trabalhavam tanto, conseguiam acumular tesouros para eles e para os filhos? Ela foi se convencendo cada vez mais à medida que pensava que tudo que havia feito em Nova Iorque havia falhado; e onde as suas esperanças eram maiores, ela sentiu que o fracasso tinha sido maior, e o desapontamento também.

Após pensar por um tempo, Isabella chegou à conclusão de que havia feito parte de uma grande farsa, que era, em si mesma, um grande sistema de roubo e coisas erradas.

– Sim – disse ela –, os ricos roubam dos pobres e os pobres se roubam entre si.

Verdade, ela não havia recebido trabalho de ninguém, e o seu pagamento era limitado, ela sentira que havia sido explorada; mas havia tirado o trabalho das pessoas, que era o seu único meio de ganhar dinheiro, e acontecia o mesmo no final. Por exemplo, um senhor onde ela morava lhe havia dado um dólar para que ela contratasse um homem pobre para tirar a neve recém-caída dos degraus das casas e das calçadas. Ela acordaria cedo e faria o trabalho sozinha, recebendo o dinheiro e colocando-o no próprio bolso. Um homem pobre viria dizendo que ela devia lhe dar o emprego; afinal, ele seria pobre e precisaria do pagamento para sustentar a sua família. Ela endureceria o seu coração e

por OLIVE GILBERT

lhe responderia: "Eu também sou pobre, e preciso do dinheiro para a minha família". Mas, em retrospecto, ela pensou no mal que traria para si por conta desse ato egoísta e em como a sua consciência também sofreria; e essa insensibilidade aos clamores da irmandade humana, e os desejos de abandonar os pobres, ela via agora, como nunca antes havia feito, ser algo insensível, egoísta e mau. Essas reflexões e convicções despertaram uma enorme onda de sentimentos no coração de Isabella, e ela começou a enxergar o dinheiro e a propriedade com bastante indiferença, se não com desprezo, sendo, na época, incapaz de diferenciar uma ambição mesquinha e o acúmulo de dinheiro e meios de um verdadeiro uso das boas coisas desta vida para o nosso próprio conforto e o alívio que tudo isso pode trazer, já que poderia ajudar as pessoas. De uma coisa ela tinha certeza sobre esses preceitos: não faça com os outros o que não gostaria que fizessem com você, amai o teu próximo como a ti mesmo, e assim por diante, eram máximas às quais ela quase não parava para pensar ou não eram praticadas por ela.

A sua próxima decisão foi que ela deveria ir embora da cidade; não havia lugar para ela ali; sim, sentia que devia ir embora, e viajar para o Leste para ensinar. Ela nunca havia ido para o Leste, tampouco tinha amigos lá, razão pela qual não tinha nenhuma expectativa; ainda assim, para ela estava claro que a sua missão estava no Leste, e que faria amigos lá. Ela estava determinada a ir embora, mas mantinha essa determinação e convicção em segredo, sabendo que se seus filhos e amigos soubessem iriam fazer um escândalo, o que seria muito desagradável e estressante para todos. Isabella começou a preparar tudo que precisava para ir embora, o que significava algumas peças de roupa dentro de uma fronha, e o resto ela considerou desnecessário. Aproximadamente uma hora antes de ir, ela informou à senhora Whiting, a dona da casa em que ela estava morando, que o seu nome já não era Isabella, mas Sojourner, e que estava de partida para o Leste. E para a pergunta que lhe fora feita, "O que você vai fazer no Leste?", ela respondeu:

A HISTÓRIA DE SOJOURNER TRUTH, A ESCRAVA DO NORTE

– O Espírito me chama para ir para lá, e eu devo ir.

Foi embora da cidade na manhã do dia 1º de junho de 1843, passando pelo Brooklyn, L.I., e tendo apenas o Sol como bússola e guia. Ela se lembrou da esposa de Ló, e esperava evitar o mesmo destino; decidiu não olhar para trás até ter certeza de que aquela cidade do mal estava muito distante para ser visível a olho nu; e quando se arriscou a olhar para trás, apenas conseguiu distinguir a nuvem de fumaça que pairava sobre a cidade, e agradeceu a Deus ter sido tirada daquele lugar que mais parecia uma segunda Sodoma.

Agora, sim, havia começado a sua peregrinação; com sua trouxa em uma mão e uma pequena cesta com comida na outra, e duas moedas na bolsa, seu coração estava cheio de fé que encontraria um emprego de verdade e que o Senhor seria o seu guia; e ela não duvidava que Ele proveria e a protegeria, e que seria muito censurável se ela carregasse mais coisas do que realmente precisaria. Sua missão não era apenas ir para o Leste, mas ensinar, como ela costumava dizer; testemunhando sobre a esperança que havia nela, incentivando as pessoas a abraçar Jesus e a se manter longe dos pecados, a natureza e a origem de seus ensinamentos foram explicadas de acordo com as suas visões mais curiosas e originais. Ao longo de sua vida, e de todas as mudanças pelas quais passou, ela jamais se atirara com rapidez sobre suas impressões no que se refere a temas religiosos.

Durante a noite, Sojourner procurava um lugar para pousar de graça, caso fosse possível, senão ela pagaria; em uma taberna, ela procuraria dividir o quarto, senão, poderia ficar em um quarto privado; com os ricos, se a recebessem; senão, com os pobres.

Porém, logo descobrira que as casas maiores quase sempre estavam cheias; se não totalmente cheias, as pessoas esperavam visitantes; e que era muito mais fácil encontrar um canto abandonado em uma casa pequena do que em uma grande; e se uma pessoa possuísse apenas um teto miserável sobre a sua cabeça, as boas-vindas seriam quase certas.

por OLIVE GILBERT

Mas isso, ela conseguia enxergar, se devia muito mais à compaixão do que à benevolência; o que era aparente nas suas conversas sobre religião com estranhos. Ela disse que jamais poderia imaginar que os ricos tivessem qualquer religião. "Se eu fosse rica e bem-sucedida, eu poderia; já que os ricos sempre encontram alguma religião entre os ricos, eu poderia encontrar entre os pobres." Em um primeiro momento, participava desses encontros à medida que ia ouvindo falar deles na vizinhança das cidades por onde passava, e conversava com as pessoas que encontrava reunidas. Mais tarde, ela mesma anunciava esses encontros, e conseguia a presença de muitas pessoas, que, como ela mesma dizia, estavam se divertindo.

Quando ela se cansou de viajar e quis encontrar um lugar para parar e descansar um pouco, disse que sempre haveria uma mão estendida para ela; e, da primeira vez que precisou descansar, um homem a abordou enquanto caminhava, perguntando se ela precisava de emprego. Ela lhe disse que aquele não era o objetivo de sua viagem, mas que iria trabalhar durante alguns dias, caso alguém precisasse. Ele pediu a ela que fosse até a sua família, que infelizmente precisava de ajuda, e ele não conseguia ajudá-la como devia. Sojourner se dirigiu à casa e foi recebida pela família dele, um de seus parentes estava doente, como um anjo enviado por Deus; e quando ela sentiu que devia prosseguir sua viagem, eles ficaram muito tristes, e teriam feito qualquer coisa para dissuadi-la; porém, quando ela sentiu necessidade de ir embora, eles lhe ofereceram algo que para ela era uma grande soma de dinheiro pelo seu trabalho, e uma expressão de gratidão pela sua ajuda oportuna; porém, ela só receberia um pouco desse dinheiro; o suficiente, como ela mesma diz, para permitir-lhe pagar os tributos a César, caso lhe fosse exigido; e dois ou três xelins, na época, era tudo o que ela se permitia receber; e daí, com a bolsa cheia, e as forças renovadas, ela reiniciaria, mais uma vez, a sua missão.

As consequências da recusa em hospedar uma viajante

À medida que foi se aproximando do centro da ilha, a noite foi chegando, e ela começou a procurar um lugar para dormir. Pediu por um lugar para ficar muitas vezes, umas vinte vezes pelo que contou, e para todas elas a resposta foi negativa. Continuou a caminhar e as estrelas, sob o brilho da Lua, iluminavam levemente o seu caminho solitário, quando foi abordada por dois índios que a reconheceram como uma conhecida. Ela disse a eles que haviam se confundido de pessoa; nunca havia estado lá, e lhes pediu o endereço de uma taberna. Eles lhe informaram que a distância até a taberna mais próxima era de, mais ou menos, três quilômetros e lhe perguntaram se ela estava sozinha. Não querendo a sua proteção, ou sabendo qual poderia ser a natureza de sua gentileza, ela respondeu: "Não, não exatamente", e seguiu em frente. Ao final daquele percurso desgastante, chegou à taberna, ou, melhor dizendo, a uma construção enorme que tinha um tribunal, uma taberna e uma prisão, e, ao pedir um quarto para passar a noite, foi informada que poderia ficar, caso aceitasse ser presa. Aquilo, para ela,

por Olive Gilbert

era inconcebível. Ficar atrás das grades era algo inimaginável para ela, nem por um instante, e novamente retomou a sua viagem, preferindo caminhar sob o céu aberto a ser trancafiada por um estranho naquele lugar. Não fazia muito tempo que ela havia voltado a caminhar quando ouviu a voz de uma mulher vinda de um estábulo aberto; ela a abordou e perguntou se sabia onde poderia passar a noite. A mulher respondeu que não sabia, a menos que fosse com eles para casa; e se virando para o seu bom homem, perguntou-lhe se aquela estranha poderia passar a noite na casa deles; a sua resposta foi um simpático sim. Sojourner pensou que era evidente que ele estava um pouco bêbado, mas como parecia ser um homem de bem, e como não queria passar a noite ao relento e sozinha, sentiu a necessidade de aceitar a hospitalidade deles, sem se importar como acabaria sendo. A mulher logo lhe disse que havia um baile acontecendo em um lugar e aonde queriam ir um pouco antes de irem para casa.

Ir a bailes não fazia parte da missão de Sojourner, ela não queria ir; mas a sua anfitriã apenas queria se divertir um pouco, e foi forçada a ir com ela. De qualquer forma, não ir com ela significaria ficar exposta ao relento. Ela foi, e logo se viu cercada por uma multidão de pessoas, vindas do mais baixo nível social, ignorantes e sem entender nada, sem saber se entreter, sem ter ideia de nada, em um casebre sujo, sem conforto algum e onde o cheiro de uísque era forte e poderoso.

Havia muita diversão e charme naquele lugar e a anfitriã de Sojourner simplesmente não pôde ignorar aquilo. Ela, de repente, se viu aproveitando até demais aquela festa, bebeu álcool livremente e foi para a cama até conseguir se recuperar daquilo. Sojourner, sentada em um canto, teve tempo para pensar bastante e decidiu não lhes dar um sermão, seguindo a recomendação "não jogue pérolas aos porcos". Quando a noite já estava bem avançada, o marido daquela mulher acordou-a e a lembrou de que não estava sendo educada com a mulher a quem havia convidado para passar a noite em casa, e que precisavam seguir

A HISTÓRIA DE SOJOURNER TRUTH, A ESCRAVA DO NORTE

caminho. Novamente saíram e respiraram ar puro, o que para a nossa amiga Sojourner, após tanto tempo respirando aquele ar poluído do salão de bailes, era mais do que refrescante e agradável. Eles chegaram ao lugar que chamavam de lar quando o dia já estava amanhecendo. Sojourner vira que não havia perdido nada ficando tanto tempo no baile, já que a cabana miserável deles não tinha nada além de uma espécie de tábua para dormir; e, para ser bem sincero, ela preferiria ficar sentada a noite toda a ter que dormir naquele lugar. Eles, muito educadamente, lhe ofereceram a cama, caso quisesse usá-la, mas também educadamente ela recusou; esperou o amanhecer muito ansiosa, como nunca havia esperado, e nunca ficou tão feliz quando as primeiras luzes douradas do dia começaram a despontar. Ela estava, mais uma vez, livre, e, enquanto o dia durasse, seria independente e não precisaria de convite para seguir viagem. Deixe que esses acontecimentos nos ensinem que nem todos os andarilhos são vagabundos e que é perigoso obrigar alguém a receber a hospitalidade de pessoas más e abandonadas, pois essas pessoas precisariam da nossa hospitalidade. Esse fato pode ser confirmado por milhares de pessoas que já ficaram nas mãos dos maus.

No dia 4 de julho, Sojourner chegou a Huntington. De lá, ela foi para Cold Springs, onde encontrou pessoas preparando tudo para um encontro religioso. Com seu entusiasmo habitual, começou a ajudar arrumando os pratos à moda de Nova Iorque, o que deixou a todos muito satisfeitos. Após ficar em Cold Springs por umas três semanas, ela voltou a Huntington, onde pegou um navio para Connecticut. Ao chegar a Bridgeport, novamente retomou a sua viagem em direção ao Nordeste, ensinando e trabalhando um pouco para conseguir pagar os tributos a César, como ela dizia; e dessa forma ela acabou chegando à cidade de New Haven, onde descobriu haver muitos encontros aos quais foi, e em alguns deles pôde expressar as suas visões livremente e sem reservas. Também organizou encontros para poder ter a chance de ser ouvida; e encontrou na cidade muitos amigos verdadeiros de Jesus, como julgava,

por Olive Gilbert

com quem mantinha uma comunhão de alma, não tendo preferência por uma seita ou outra, mas estando satisfeita com todos aqueles que lhe davam a certeza de conhecer ou amar o Salvador.

Após dar o seu testemunho nessa cidade agradável, sentindo ainda não ter encontrado o lugar certo, ela foi para Bristol, a pedido de uma irmã zelosa, que desejava que ela fosse para lá e mantivesse uma conversa religiosa com alguns de seus amigos. Encontrou ali pessoas gentis e com disposição religiosa, e através delas conheceu diversas pessoas muito interessantes.

Um irmão de fé em Bristol se interessou particularmente pelas suas novas visões e opiniões originais, e pediu como favor a ela que fosse até Hartford para se encontrar e conversar com seus amigos de lá. Sempre pronta a realizar qualquer trabalho em nome do Senhor, lá foi Sojourner para Hartford atendendo o pedido, levando nas mãos a seguinte mensagem desse irmão:

"IRMÃ, eu lhe entrego esta mensageira viva porque acredito que ela é amada por Deus. A Etiópia está estendendo as suas mãos a Deus. Você consegue enxergar através desta irmã que Deus, pelo seu Espírito, mostra aos seus próprios o que está por vir. Por favor, receba-a, e ela lhe contará algumas coisas novas. Deixe-a contar a sua história sem interrompê-la, e preste muita atenção, e poderá confirmar que a verdade está com ela, que Deus a ajuda a entrar onde poucos podem. Ela não sabe ler nem escrever, mas a lei está em seu coração.

Leve-a até o irmão, e até onde mais possa fazer o bem.

De seu irmão, H. L. B."

Algumas de suas visões e ideias

    Assim que Isabella enxergou Deus como um espírito todo-poderoso e onipresente, quis ouvir tudo o que havia sido escrito sobre Ele, e sobre a criação do mundo e seus primeiros habitantes, principalmente sobre os primeiros capítulos do Gênesis, em particular. Durante um tempo ela entendia tudo de forma literal, apesar de parecer estranho para ela entender que Deus havia trabalhado todos os dias, se cansado e parado para descansar, etc. Mas, depois de um tempo, começou a entender melhor aquilo, assim, se Deus trabalha todos os dias e o trabalho o cansa depois de um tempo a ponto de se ver obrigado a descansar, seja por causa do cansaço, seja por causa da escuridão, ou se ele esperasse até o dia ficar mais fresco para caminhar pelo jardim, porque havia se esgotado pelo calor do Sol, por que parece que Deus não consegue fazer tanto quanto eu? Já que eu consigo aguentar o Sol do meio-dia e vários dias e noites de trabalho sucessivos sem me cansar tanto. Ou se Ele descansou durante as noites por causa da escuridão, é muito estranho Ele ter feito a noite tão escura que Ele próprio não conseguia se ver. Se eu fosse Deus, teria feito a noite clara o suficiente para poder me enxergar, com

por OLIVE GILBERT

certeza. Mas, assim que ela se lembrou da primeira impressão que teve de Deus quando recebeu de Sua grandeza infinita e espiritualidade total, exclamou mentalmente: "Não, Deus não para pra descansar porque Ele é um espírito, e não se cansa; Ele não pode desejar a luz, pois a luz emana Dele. E se Deus é tudo em tudo, e faz tudo em tudo, de acordo ao que eu já ouvi, então é impossível ele precisar descansar; porque se o fizesse, qualquer outra coisa pararia e descansaria também; as águas não fluiriam, e os peixes não nadariam; e todo movimento iria parar." Deus não poderia fazer pausas em seu trabalho, e não precisava dos sábados para descansar. Os homens podem precisar deles, e Ele poderia usá-los quando precisasse deles, sempre que Ele precisasse descansar. No que se referia à adoração a Deus, Ele deveria ser adorado sempre e em todos os lugares; e nenhuma hora do dia era mais sagrada que a outra para ela".

Essas visões, que eram o resultado dos seus próprios pensamentos, a ajudaram a passar por todas as experiências e eram fruto do escasso conhecimento dela, e durante muito tempo após a sua adoção estiveram presas em seu peito, temendo ser considerada infiel, caso mais alguém soubesse delas, pois se diferenciavam de todas as visões dos religiosos, contra quem todos aqueles pensamentos e ideias iam.

Se, a partir de suas próprias experiências tristes, essas pessoas se recusaram a gritar infiel, elas acabaram não vendo nem sentindo, e acabaram dizendo que os dissidentes não tinham direito ao espírito, e que seus olhos espirituais jamais foram abertos.

Enquanto viajava dentro de Connecticut, ela conheceu um pastor com quem teve uma longa discussão sobre esses pontos, assim como sobre outros, tais como: a origem de tudo, principalmente a origem do mal, ao mesmo tempo que dava o seu testemunho contra um pastor pago. Ele era esse tipo de pastor, e, como tal, é claro, defendia fortemente seu lado da questão.

Eu havia esquecido de mencionar que quando ela estava estudando as Escrituras, desejou ouvi-las sem comentários; porém, se ela pedisse

A HISTÓRIA DE SOJOURNER TRUTH, A ESCRAVA DO NORTE

para que adultos as lessem, e pedisse que uma passagem fosse lida mais uma vez, eles, invariavelmente, começavam a explicá-la, dando-lhe a sua versão para ela; e dessa forma ela não conseguia pensar por si mesma. Como consequência, ela parou de pedir aos adultos que lessem a Bíblia para ela, e começou a pedir às crianças. Crianças, assim que liam com clareza, voltavam a ler a mesma frase para ela, tantas vezes ela quisesse, e sem fazer comentários. Dessa forma ela podia perceber o que a sua mente estava entendendo do registro, e isso, ela dizia, era o que ela queria, e não que outros dissessem o que ela deveria pensar. Ela queria comparar os ensinamentos da Bíblia com o testemunho dela própria; e chegou à conclusão de que o espírito da verdade falava através daqueles registros, mas que os registradores daquelas verdades as haviam misturado às próprias ideias e suposições.

Essa era uma das muitas provas de sua energia e independência de caráter.

Quando os seus filhos souberam que Sojourner havia ido embora de Nova Iorque, eles ficaram surpresos e alarmados. Para onde será que ela havia ido, e por que tinha ido embora? Nenhum deles conseguia responder a essas perguntas. Agora, de acordo com a sua imaginação, ela era uma errante louca, e novamente temeram que ela cometesse suicídio. Eles derramaram muitas lágrimas pela perda de sua mãe.

Quando, porém, ela chegou a Berlin, Condado de Coon, escreveu a eles por intermédio de um copista, dizendo-lhes onde estava e esperando uma resposta; assim, acalmou os seus medos e deixou o coração dos filhos aliviado pela certeza de sua vida e seu amor.

As segundas doutrinas do advento

Em Hartford e arredores, ela conheceu várias pessoas que acreditavam nas doutrinas do Segundo Advento, ou o aparecimento imediato de Jesus Cristo. Em um primeiro momento, pensou jamais ter ouvido falar em Segundo Advento. Mas quando lhe foi explicado, ela se lembrou de uma vez ter ido a uma reunião na casa do senhor Miller em Nova Iorque, onde viu várias fotos enigmáticas penduradas na parede, imagens que ela não conseguia entender e que acabou não se interessando por elas. Nessa região, ela foi a dois acampamentos de pessoas pertencentes a essa doutrina; a animação sobre o Segundo Advento era o auge do evento. O último encontro foi no Lago Windsor. As pessoas, por curiosidade, lhe perguntaram sobre a sua crença, no que se referia ao princípio deles mais importante. Ela lhes disse que essa revelação não havia chegado até ela; talvez, se ela conseguisse ler, poderia ver aquilo tudo com outros olhos.

Às vezes, eles não resistiam e perguntavam:

– Ah, você não acredita que o Senhor está por vir?

A história de Sojourner Truth, a escrava do Norte

Ela respondia:

– Eu acredito que o Senhor está tão próximo quanto pode estar, e não é só isso.

Com respostas evasivas como essa e nem um pouco chamativas, ela os manteve calmos e fez com que respeitassem a sua descrença naquilo, até ela ter a chance de ouvir seus pontos de vista, para julgar, de forma mais compreensiva, essa questão e ver se, em sua opinião, havia qualquer base sólida para esperar um evento que seria, na mente de muitos, desestruturador das bases do universo. Ela foi convidada para se unir a eles em seus exercícios religiosos, e aceitou o convite, rezando e conversando do seu jeito tão peculiar e atraindo muitas pessoas com o seu canto.

Quando conseguiu convencer as pessoas de que ela amava a Deus e a Sua causa, foi recebida por elas de braços abertos. Assim poderia fazer-se ouvir entre eles, pois ela tinha certeza de que eles viviam uma vida de ilusão, e começou a usar a sua influência para acalmar os medos das pessoas, e acalmar as águas agitadas em que viviam. Em um certo lugar, ela encontrou algumas pessoas muito agitadas: ela subiu em um toco e gritou: – Ouçam! Ouçam!

Quando as pessoas se reuniram ao seu redor, como acontecia quando ouviam algo novo, ela se dirigiu a eles como filhos e lhes perguntou o porquê de fazerem tanto barulho.

– Vocês não aprenderam a observar e rezar? Vocês não estão rezando nem observando.

E lhes ordenou, em um tom de mãe carinhosa, que fossem para as suas tendas e que lá rezassem e observassem, sem barulho ou tumulto, porque o Senhor não iria aparecer naquela confusão; o Senhor viria em silêncio e quieto. Ela lhes assegurou que o Senhor poderia vir, andar por todo o acampamento e ir embora novamente, e eles nunca saberiam, por causa do estado em que se encontravam.

As pessoas pareceram aliviadas por poder ficar menos agitadas e estressadas, e muitas delas deixaram de fazer qualquer barulho e se retiraram até

por OLIVE GILBERT

suas tendas para observar e rezar, implorando às demais que fizessem o mesmo e que ouvissem o conselho da boa irmã. Ela sentiu ter feito o bem e, em seguida, foi ouvir os pastores. Ela sentia que eles estavam fazendo de tudo para agitar as pessoas, que já estavam muito agitadas; e, quando ouviu até o momento em que seus sentimentos não a deixaram ouvir mais, levantou-se e dirigiu-se a eles. A seguir temos um trecho do discurso:

– Aqui estão vocês falando sobre mudar em um piscar de olhos. Se o Senhor viesse, Ele os transformaria em nada! Pois não há nada em vocês.

"Parece que vocês esperam ir até algum outro lugar, e quando os maus tiverem perecido, vocês voltariam a caminhar triunfantes sobre as suas cinzas, essa seria a sua Nova Jerusalém! Agora, eu não consigo enxergar nada bom nisso, voltar nessa confusão, em um mundo coberto de cinzas dos maus! Além disso, se o Senhor vier e queimar, do jeito que dizem que Ele fará, eu não irei embora; ficarei aqui e diante do fogo, como Hananias, Misael e Azarias! E Jesus vai caminhar comigo através do fogo e me protegerá do mal. Nada que pertença ao Senhor queima, nada além do próprio Deus; portanto, não deveria haver a necessidade de ir embora para fugir do fogo! Não, eu ficarei. Está dizendo que os filhos de Deus não conseguem suportar o fogo?" E o seu jeito e o seu tom falaram mais alto que as palavras, dizendo: "É um absurdo pensar isso!"

Os pastores se surpreenderam bastante com aquela opositora inesperada, e um deles, da forma mais educada possível, começou a discutir com ela, perguntando-lhe algumas coisas e citando as Escrituras para ela, concluindo, finalmente, que, apesar de ela não ter aprendido nada sobre a grande doutrina que lhes ocupava a mente naquele momento, havia aprendido muito sobre coisas que ninguém lhe ensinara.

Nesse encontro, Sojourner recebeu o endereço de várias pessoas que moravam nos mais variados lugares, que a convidaram para uma visita. Ela prometeu ir logo a Cabotville, e começou a preparar a sua viagem até lá. Chegou a Springfield às seis da tarde, e imediatamente começou a procurar um lugar para passar a noite. Caminhou das seis

A história de Sojourner Truth, a escrava do Norte

até pouco depois das nove da noite, e depois voltou para a estrada de Springfield para Cabotville, antes de encontrar um local minimamente decente onde pudesse passar a noite. Então um homem lhe deu vinte e cinco centavos e lhe pediu que fosse à taberna para passar a noite. Foi o que fez, voltando de manhã para agradecer a ele, assegurando-lhe que havia usado aquele dinheiro de forma legítima. Ela encontrou alguns amigos que havia encontrado em Windsor quando chegou à cidade de Cabotville (que atualmente se chama Chicopee) e com eles passou uma semana agradável; depois disso, deixou-os para visitar a vila de Shaker em Enfield. Agora começara a pensar em encontrar um lugar para descansar por pelo menos uma estação, já que havia feito uma longa viagem, considerando que grande parte dela havia sido feita a pé, e ela pretendia ficar lá um tempo e ver como as coisas se dariam e se haveria espaço para ela também. Mas, no seu trajeto de volta para Springfield, ela foi até uma casa pedir um pedaço de pão; seu pedido foi atendido, e ela foi gentilmente convidada para passar a noite. Como estava ficando tarde, e ela não poderia ficar em cada casa por ali, acabou aceitando o convite de bom grado. Quando o homem da casa apareceu, lembrou-se de tê-la visto no encontro do acampamento, e repetiu um pouco do que havia sido dito lá; por causa disso, ela também o reconheceu. Logo ele propôs uma reunião para aquela mesma noite, saiu e avisou seus amigos e vizinhos, que se reuniram, e mais uma vez a ouviram falar daquele seu jeito peculiar. Através daquele encontro, ela conheceu algumas pessoas que moravam em Springfield, para cujas casas ela havia sido gentilmente convidada e com quem ela havia passado momentos agradáveis.

Uma dessas amigas escreveu sobre a chegada dela lá.

Após dizer que ela e seu povo pertenciam ao tipo de pessoas que acreditavam nas doutrinas do Segundo Advento e que essas pessoas, também acreditando em liberdade de expressão e ação, normalmente encontravam nessas reuniões muitas pessoas únicas, que não concordavam com eles sobre a sua doutrina principal, e que, estando preparados para ouvir novas e estranhas coisas, ouviam Sojourner com entusiasmo

por Olive Gilbert

e absorviam tudo o que ela dizia; e, também, que ela logo se tornou a preferida deles; que quando ela se levantava para falar em suas assembleias sua figura imponente e seu jeito digno de ser deixavam o lugar em silêncio, e o seu modo único e, às vezes, rude de se expressar jamais provocara risadas, ao contrário, fazia com que todos se debulhassem em lágrimas pelas suas histórias tocantes.

Ela também disse:

– Muitas eram as lições de sabedoria e fé que eu tive o prazer de aprender com ela. Continuou como a grande preferida dos nossos encontros, tanto pelo seu dom incrível de oração quanto pelo seu talento incrível para cantar, e a aptidão para a fala, normalmente ilustrada por um jeito de falar original e expressivo.

"Enquanto caminhávamos no outro dia, ela disse que sempre pensava em como o mundo seria lindo se conseguíssemos ver tudo do jeito certo. Agora, enxergamos tudo de cabeça para baixo, e tudo é confuso. Para uma pessoa que não sabe nada sobre isso na ciência ótica, essa ideia parecia ser uma ideia incrível.

"Nós também a amamos pela sua piedade sincera e ardente, sua fé inabalável em Deus, seu desprezo pelo que o mundo chama de moda e pelo que chamamos de loucura.

"Ela procurava um lugar tranquilo, onde alguém em viagem poderia descansar. Ela havia ouvido falar de Fruitlands, e queria ir até lá; porém, os amigos que ela encontrou aqui acharam que seria melhor para ela visitar Northampton. Ela passou o seu tempo conosco, trabalhando onde era necessária, e conversando onde o trabalho não era necessário.

"Ela não recebia dinheiro pelo seu trabalho, dizia que trabalhava para o Senhor; e se as suas necessidades fossem atendidas, ela dizia que vinham do Senhor.

"Ficou conosco até quase o final do inverno, quando nós a apresentamos à Associação de Northampton. Ela me escreveu de lá e disse que, finalmente, havia encontrado um lugar tranquilo para descansar. E por lá ficou desde então".

Outro acampamento

Quando Sojourner foi para Northampton por alguns meses, participou de outro acampamento, no qual teve uma atuação muito importante.

Alguns jovens rebeldes, sem motivo algum a não ser se divertir incomodando e ferindo os sentimentos das pessoas, haviam ido a esse acampamento, fazendo barulho e gritando, e em várias ocasiões interrompiam os sermões e provocavam muita bagunça. Os responsáveis pelo encontro já tinham tentado de tudo, haviam se impacientado e feito até ameaças.

Os jovens, considerando-se insultados, reuniram-se com seus amigos, cerca de cem ou mais, dispersaram-se pela região e começaram a fazer os barulhos mais assustadores e a ameaçar incendiar as tendas. Fora dito que as autoridades responsáveis pelo encontro decidiram prender os líderes desse grupo, mandando-os para a delegacia, para o grande descontento de alguns presentes, que haviam sido contrários ao uso da força e das armas. Seja como for, Sojourner, vendo a consternação de quase todos, foi contagiada e lá ficou, sentindo-se abalada e com medo.

por Olive Gilbert

Sob o impulso desse sentimento abrupto, ela foi até o canto mais afastado de uma tenda e se escondeu atrás de um tronco. Repetia a si mesma: "Sou a única pessoa de cor aqui, e cairá sobre mim, provavelmente, a maldade deles, e talvez seja fatal".

Mas, sentindo como era grande a sua insegurança até mesmo lá, já que a própria tenda começara a balançar, ela começou a falar sozinha:

– Será que eu deveria fugir e me esconder do diabo? Eu, uma serva do Deus vivo? Será que não tenho fé suficiente para sair e aquietar aquela turba, quando sei que está escrito: "Como um homem poderia perseguir mil, ou dois fazer dez mil fugirem"? Sei que não há mil aqui; e sei que sou serva do Deus vivo. Irei atrás e o Senhor virá comigo e me protegerá.

– Ah – disse ela. – Senti como se tivesse três corações! E que eles eram tão grandes, será que eu conseguiria dar conta deles!?

Ela saiu de seu esconderijo e convidou várias pessoas para ir com ela ver o que podia ser feito para deter aquele problema. Elas não quiseram ir, e consideraram-na louca por pensar em fazer aquilo.

O encontro acontecia em campo aberto, a lua cheia iluminava tudo, e a mulher que, naquela noite iria se dirigir às pessoas, tremia no púlpito. O barulho e a confusão eram ensurdecedores. Sojourner saiu da tenda sozinha e desamparada e caminhou alguns metros até chegar a uma pequena elevação de terra. Começou a cantar, daquele seu jeito fervoroso, com toda a força de sua voz tão poderosa, o hino sobre a ressurreição de Cristo.

Era de manhã cedo, era de manhã cedo, o dia estava raiando.
Quando Ele se ergueu, quando Ele se ergueu, quando Ele se ergueu, e foi para o céu em uma nuvem.

Todos aqueles que ouviram seu canto, aquele hino, provavelmente se lembrarão dele sempre que pensarem nela. O hino, o tom, o estilo, são muito associados a ela e quase não podem ser separados, e quando

A HISTÓRIA DE SOJOURNER TRUTH, A ESCRAVA DO NORTE

ela cantava estando de muito bom humor, ao ar livre, com toda a força de sua voz poderosa, devia ser algo realmente emocionante.

Assim que começou a cantar, os jovens correram atrás dela, e ela foi imediatamente cercada por aqueles agitadores, muitos deles armados com paus ou tacos como armas de defesa, se não de ataque. À medida que o círculo se fechava ao seu redor, ela foi parando de cantar e, após uma curta pausa, perguntou, de forma gentil mas firme:

– Por que se aproximam de mim com paus e tacos? Não estou fazendo mal a ninguém.

– Não vamos machucá-la, senhora; viemos ouvi-la cantar – disseram todos ao mesmo tempo. – Cante para nós, senhora – pediu alguém.

– Converse conosco, senhora – disse outro.

– Reze, senhora – falou um terceiro.

– Conte-nos a sua experiência – pediu um quarto.

– Vocês estão jogando fumaça tão perto de mim, não consigo nem cantar nem falar – ela respondeu.

– Afastem-se – disseram várias vozes em tom autoritário, e continuaram a dizer outras coisas não muito agradáveis e levantando as suas armas.

A multidão logo retrocedeu, o círculo ficou maior, e muitas pessoas pediram novamente a ela que cantasse, falasse ou rezasse, com a condição de que ninguém a machucaria. Os oradores fizeram um juramento dizendo que iriam "derrubar" qualquer pessoa que oferecesse qualquer tipo de ameaça a ela.

Ela olhou ao seu redor e com o seu habitual discernimento, pensou: "Deve haver muitos jovens nesta assembleia, enchendo o coração de boas impressões. Falarei com eles". Ela falou; e eles ouviram em silêncio, e educadamente perguntaram-lhe muitas coisas.

Parecia a ela estar pacientemente respondendo às perguntas com a verdade e a sabedoria que ela jamais tivera. Seu discurso havia dissipado a agitação daquela multidão, assim como o óleo em águas agitadas;

eles estavam totalmente dominados, e somente abriam a boca quando ela parava de falar ou cantar. Aqueles que ficaram atrás, depois que o círculo se abriu, gritavam: "Cante mais alto, senhora, não conseguimos ouvi-la". Aqueles que eram os líderes pediam a ela que transformasse um vagão próximo em um púlpito. Ela disse:

– Se eu fizer isso, eles tomarão conta dele.

– Não, ninguém se atreverá a lhe fazer mal, nós derrubaríamos a pessoa na hora – os líderes gritaram.

– Não, não vamos, ninguém machucará a senhora – responderam alguns integrantes da multidão.

Gentilmente a levaram até o vagão, de onde ela falou e cantou durante uma hora. De tudo o que ela disse a eles na ocasião, ela se lembra somente do seguinte:

– Bem, há duas congregações aqui. Está escrito que haverá uma separação, e as ovelhas serão separadas das cabras. Os outros pastores ficam com as ovelhas e eu com as cabras. E tenho algumas ovelhas junto com as minhas cabras, mas elas estão muito esfarrapadas.

Esse exórdio fez com que todos rissem. Quando ela se cansou de falar, começou a pensar em uma forma de fazê-los se dispersarem. Quando ela parou, eles começaram a repetir em voz alta:

– Mais, mais, cante, cante mais.

Ela os fez ficar quietos e lhes chamou atenção:

– Crianças, eu já falei e cantei para vocês, assim como me pediram; e agora eu tenho um pedido a vocês; vão me atender?

– Sim, sim, sim – ouviu-se por toda parte.

– Bem, é o seguinte – ela respondeu. – Se eu cantar mais um hino para vocês, irão embora depois e nos deixarão em paz?

– Sim, sim – ouviu-se, dito apenas por alguns.

– Eu vou repetir – disse Sojourner –, e quero uma resposta de todos vocês, em uníssono. Se eu cantar mais uma vez, vocês irão embora e nos deixarão em paz?

A HISTÓRIA DE SOJOURNER TRUTH, A ESCRAVA DO NORTE

– Sim, sim, sim – gritaram muitas vozes, com mais ênfase.

– Eu vou repetir o meu pedido mais uma vez – disse ela –, e quero que todos respondam.

E ela reiterou novamente as suas palavras. Desta vez, todos juntos, alto:

– Sim, sim, sim – toda aquela multidão gritou em alto e bom som.

– AMÉM! Está SELADO – repetiu Sojourner, no mais profundo e solene tom de sua tão poderosa e sonora voz.

O efeito da sua voz correu pela multidão como um choque elétrico; e a maioria deles pretendia cumprir a promessa, coisa que jamais aconteceria caso isso ocorresse em circunstâncias menos firmes. Alguns deles começaram a ir embora instantaneamente; outros perguntaram se não ouviriam mais um hino...

– Sim – respondeu ela, e começou a cantar.

Eu abençoo o Senhor, tenho a minha promessa hoje e hoje,
Para matar Golias no campo hoje e hoje;
A boa e velha maneira é a maneira certa
Pretendo chegar ao reino na boa e velha maneira.

Enquanto cantava, ela ouvia que alguns cumpriam o prometido, enquanto outros resistiam em fazê-lo. Mas, antes de terminar, viu-os se afastando dela, e em alguns minutos todos eles estavam correndo o máximo que podiam; e ela diz que só pode compará-los a um enxame de abelhas, a falange deles era tão poderosa, os passos tão firmes e a marcha tão rápida. À medida que passavam apressados perto de onde estavam os outros pastores, o coração das pessoas se encheu de medo, pensando que aquela mulher não havia conseguido domar aquelas feras, e que agora estavam atrás delas com uma fúria mais profunda e sem remorso.

Mas descobriram estar errados, e que o medo deles não tinha razão de ser; já que, antes que pudessem se recuperar daquela surpresa, todos

por OLIVE GILBERT

os agitadores haviam ido embora, e não sobrou nenhum deles lá, nem tampouco foram vistos novamente durante o encontro. Sojourner fora informada que como o seu público chegara até a estrada principal, a alguma distância das tendas, alguns espíritos rebeldes se recusavam a ir embora, e avisaram que voltariam; porém, seus líderes disseram:

– Não, nós prometemos ir embora. Se prometemos, devemos ir embora, todos, e nenhum de vocês deve voltar.

Ela não se apaixonou à primeira vista pela Associação Northampton, pois chegou em uma época em que as aparências não correspondiam às ideias dos associados, que haviam sido espalhadas em seus escritos, já que a sua garganta era uma fábrica, e eles queriam disseminar as suas ideias de beleza e elegância, da mesma forma que fariam em outras circunstâncias. Mas ela pensou em fazer um esforço e passar uma noite com eles, apesar de não estar com muita vontade. Mas, assim que viu essa conquista, e que aquelas pessoas refinadas estavam vivendo daquele jeito simples, e se submetendo ao trabalho e às privações que aquela instituição deveria pregar, pensou: "Bem, se eles conseguem viver aqui, eu também consigo". Depois disso, gradualmente começou a gostar e a se apegar ao lugar e às pessoas, já que não era pouca coisa ter encontrado um lar em uma comunidade composta pelas pessoas mais iluminadas da época, onde tudo se caracterizava por uma igualdade de sentimentos, uma liberdade de pensamento e expressão, e uma grandeza da alma. Ela nunca mais encontrou, em nenhum outro lugar, algo parecido com aquilo.

Nossa primeira ideia sobre ela veio de uma amiga com quem vivera durante um tempo na comunidade e que, após descrevê-la, e cantar um de seus hinos, desejou que pudéssemos nos encontrar com ela. Porém, não fazíamos ideia, na época, que algum dia iríamos redigir estes simples anais daquela filha da natureza.

Quando a vimos pela primeira vez, ela estava trabalhando de boa vontade; dizendo que não seria induzida a receber salários regulares,

A HISTÓRIA DE SOJOURNER TRUTH, A ESCRAVA DO NORTE

acreditando, como já acreditara, que agora a Providência lhe havia dado uma fonte inesgotável do que ela precisava durante a sua vida mortal. Nisso ela havia calculado um pouco errado. Porque para os habitantes daquele local, ao levarem tudo em consideração, eles achavam oportuno agir individualmente; e mais uma vez a personagem de nossa história acreditava que seus sonhos não eram reais, e ela mesma se voltou aos seus recursos para atender às suas necessidades. Ela poderia achar aquilo muito inconveniente para a época, já que o trabalho, a exposição e a dificuldade haviam criado alguns traumas no seu corpo, levando-a ao desenvolvimento de uma doença crônica e ao envelhecimento precoce, seria pior se ela tivesse continuado sob a sombra daquela vida[4]. Ela nunca se cansava de fazer o bem, dar a quem precisava e atender à vontade daqueles que precisavam. Ela agora só queria ter uma pequena casa, mesmo tão tarde na vida, onde poderia se sentir muito mais livre do que vivendo na casa de outras pessoas, e onde poderia descansar um pouco depois de seu dia de trabalho. E, para conseguir essa casa, ela agora dependia da caridade das pessoas, e é a elas que apelamos.

Através de toda a sua vida conturbada pode-se traçar a energia de uma mente naturalmente poderosa, a simplicidade destemida e infantil de alguém desordenada pela educação ou costumes convencionais, pureza de caráter, princípios rigorosos e um entusiasmo natural que, em diferentes circunstâncias, poderia facilmente criar outra Joana D'Arc.

Com todo o seu fervor, entusiasmo e especulação, sua religião não tem tanto brilho. Sem dúvida, sem hesitação, sem desânimo, ela faz crescer uma nuvem em cima de sua alma; mas tudo é brilhante, limpo, positivo, e às vezes extasiado. Sua confiança é em Deus, e através dele ela busca o bem, não o mal. Sente que o amor perfeito expulsa o medo.

---

4 George W. Benson.

por Olive Gilbert

Tendo, mais de uma vez, superado uma ilusão mortificadora, como no caso do reino de Sing-Sing, e decidido não mais se iludir, ela havia fechado o seu coração e permitido se abrir apenas por algumas causas, por alguns assuntos, a sua imaginação viva aumentava o tamanho dos fantasmas de seus medos e lhes dava grandes proporções, muito além do seu tamanho real, em vez de seguir as regras que todos nós seguimos, quando se trata de nós mesmos, que é colocar tudo o que vemos na mesma situação, até que o tempo e as circunstâncias provem que estávamos errados. Onde nenhum bom motivo pode ser determinado, pode se tornar nosso dever suspender o nosso julgamento até termos a prova do que pode ser.

Na aplicação dessa regra, é um dever inquestionável exercer uma prudência recomendável, recusando repousar qualquer fundo importante nas mãos de pessoas que podem ser estranhas para nós, e cuja confiança ainda não tenhamos testado. Mas nenhum bem é possível, ao contrário, só pode haver um mal incalculável que pode surgir da prática muito comum de colocar toda conduta, a fonte do que não compreendemos completamente, na pior das intenções.

Quantas vezes a alma gentil e tímida é desencorajada, e talvez levada ao desânimo, ao ver o seu lado bom mal mencionado, e uma ação errada, porém, bem-intencionada, carregada de mal!

Se o mundo conseguisse se reformar nesse único ponto, quem pode calcular a mudança que aconteceria, o mal seria aniquilado e a felicidade reinaria! Ninguém, apenas uma pessoa que realmente enxergasse isso, poderia alcançar esse resultado. Um resultado, como é desejado! E um que pode ser realizado somente pelo mais simples processo, em que cada indivíduo busca por ele e se afasta do pecado. Por que nós deveríamos aceitá-la em nós mesmos, a própria culpa que mais detestamos, quando cometida contra nós? Será que não deveríamos, ao menos, buscar uma consistência?

A HISTÓRIA DE SOJOURNER TRUTH, A ESCRAVA DO NORTE

Se ela não fosse tão generosa, tivesse mais conhecimento de mundo e de questões comerciais em geral, e se não considerasse as pessoas como iguais, e, quando precisasse, fizesse o mesmo que já faz, e se descobrisse mais abençoada por dar do que por receber, talvez conseguisse deixar algo para o futuro. Poucos, talvez, tenham o dom da força e da predisposição, no mesmo nível, e ao mesmo tempo, para o trabalho que ela tem, tanto de dia quanto de noite, por tanto tempo. E se essas energias fossem bem dirigidas e o trabalho bem direcionado, já que ela sempre foi a sua própria dona, talvez lhe teriam dado a liberdade durante a sua vida natural. Mas seus preceitos constitucionais, e seu treinamento precoce, ou obrigatoriedade de treinamento, evitaram esse destino; e agora já é tarde demais para remediar esse grande erro. Será que então ela deveria ter sido deixada livre para escolher? Ninguém responderá: "Não!"

Última entrevista com seu dono

Na primavera de 1849, Sojourner fez uma visita a sua filha mais velha, Diana, que sempre teve a saúde fraca, e ficou com o senhor Dumont, o dono de Isabella. Ela o encontrou vivo ainda, apesar de velho, e um pouco menos rico (em comparação com o que sempre havia sido), mas mais consciente no tema da escravidão. Ele dissera que agora via que a escravidão era a coisa mais malévola no mundo, a maior maldição que a terra jamais sentira, que estava muito claro em sua mente que era algo nocivo, apesar de que, enquanto fora dono de escravos, não enxergasse isso, e acreditasse que os escravos fossem como qualquer tipo de propriedade. Sojourner lhe disse que talvez acontecesse o mesmo com os novos senhores de escravos.

– Ah não – respondeu ele, com gentileza. – Isso não. Por ora, o pecado da escravidão está tão claramente enraizado, e tanto se fala mal dele (o mundo todo clama pelo seu fim!), que se qualquer pessoa dissesse que não sabia, que nunca ouvira falar, deve, acredito eu, estar mentindo. No meu tempo de comércio de escravos, poucos falavam contra, e esses poucos não chamavam atenção de ninguém. Se as coisas fossem

A HISTÓRIA DE SOJOURNER TRUTH, A ESCRAVA DO NORTE

como são hoje, acha que eu teria tido escravos? Não! Eu não teria a coragem de fazer isso, mas teria emancipado a todos. Agora, é muito diferente; todos ouviriam.

Sim, leitor, se alguém sentir o sinal de alerta ou o trunfo antiescravidão deve falar em voz alta antes que se possa ouvi-los. Alguém poderia pensar que eles devem ser difíceis de ouvir, sim, que eles pertencem a esse tipo, de quem se poderia dizer: "seus ouvidos cessaram de funcionar e eles já não conseguem ouvir".

Ela recebera uma carta de sua filha Diana, datada em Hyde Park, em 19 de dezembro de 1849, que lhe dizia que o senhor Dumont havia ido para o Oeste com alguns de seus filhos, que ele havia levado com ele, provavelmente por engano, alguns móveis que ela tinha deixado lá.

– Não tem problema – disse Sojourner – o que damos aos pobres, emprestamos ao Senhor.

Ela agradeceu ao Senhor com fervor por ter vivido para ouvir o seu dono dizer todas aquelas coisas abençoadas! Ela se lembrou dos ensinamentos que ele costumava dar aos seus escravos, sobre dizer a verdade e ser honesto, e rir; ela diz que ele os ensinara a não mentir nem roubar, quando ele próprio roubava, e sem saber! Ah! Como essa confissão me soou doce! E que confissão para um dono de escravos fazer a uma escrava! Um dono de escravos acabou se tornando um irmão! Pobre velho, que o Senhor o abençoe e a todos os senhores de escravos que pensem como ele!

Atestados de caráter

HURLEY, ULSTER Co., 13 de outubro de 1834

Este é um certificado que atesta que eu conheço bem Isabella, esta mulher negra; conheço-a desde a infância; ela trabalhou para mim durante um ano, e foi uma empregada fiel, honesta e trabalhadora; e sempre soube que todos aqueles para quem trabalhou a tinham em grande estima.

Isaac S. Van Wagenen

NEW PALTZ, ULSTER Co., 13 de outubro de 1834

Este é um certificado que atesta que Isabella, esta mulher negra, viveu comigo desde 1810, e que sempre foi uma empregada boa e fiel; e durante estes dezoito anos em que esteve comigo sempre a achei extremamente honesta. Sempre ouvi elogios por parte das pessoas que a chamavam para trabalhar com elas.

John J. Dumont

A HISTÓRIA DE SOJOURNER TRUTH, A ESCRAVA DO NORTE

NORTHAMPTON, março de 1850

Nós, os signatários, conhecemos Isabella (ou Sojourner Truth) há muitos anos, e é com prazer que damos testemunho de seu bom caráter, sua vontade incessante de trabalhar, comportamento gentil, benevolência infatigável e as muitas qualidades sociais e excelentes que a fazem ser digna do nome que adotou.

GEO. W. BENSON
S. L. HILL
A. W. THAYER

BOSTON, março de 1850

A minha familiaridade com a personagem desta história, Sojourner Truth, durante anos, me levou a respeitar demais o seu entendimento, integridade moral, gentileza desinteressada e sinceridade e esclarecimento religioso. Qualquer ajuda ou cooperação que ela possa receber na venda de sua história, ou que venha de qualquer outra forma, tenho certeza que será conferida por merecimento.

WM. LLOYD GARRISON